L'ÉVANGILE SELON MARIE

BIBLIOTHÈQUE COPTE DE NAG HAMMADI

Collection éditée par

JACQUES-É. MÉNARD — PAUL-HUBERT POIRIER
MICHEL ROBERGE

En collaboration avec

BERNARD BARC — PAUL CLAUDE
JEAN-PIERRE MAHÉ — LOUIS PAINCHAUD
ANNE PASQUIER

Section « Textes »

1. – *La Lettre de Pierre à Philippe*, Jacques-É. MÉNARD, 1977.

2. – *L'Authentikos Logos*, Jacques-É. MÉNARD, 1977.

3. – *Hermès en Haute-Égypte* (t. I), Les textes hermétiques de Nag Hammadi et leurs parallèles grecs et latins, Jean-Pierre MAHÉ, 1978.

4. – *La Prôtennoia Trimorphe*, Yvonne JANSSENS, 1978.

5. – *L'Hypostase des Archontes*, Traité gnostique sur l'origine de l'Homme, du Monde et des Archontes, Bernard BARC, suivi de *Noréa*, Michel ROBERGE, 1980.

6. – *Le Deuxième Traité du Grand Seth*, Louis PAINCHAUD, 1982.

7. – *Hermès en Haute-Égypte* (t. II), Le fragment du *Discours parfait* et les *Définitions* hermétiques arméniennes, Jean-Pierre MAHÉ, 1982.

8. – *Les Trois Stèles de Seth*, Hymne gnostique à la Triade, Paul CLAUDE, 1983.

9. – *L'Exégèse de l'Âme*, Jean-Marie SEVRIN, 1983.

10. – *L'Évangile selon Marie*, Anne PASQUIER, 1983.

Section « Études »

1. – *Colloque international sur les textes de Nag Hammadi* (Québec, 22-25 août 1978), Bernard BARC, éditeur, 1981.

BIBLIOTHÈQUE COPTE DE NAG HAMMADI

SECTION « TEXTES »

— 10 —

L'ÉVANGILE SELON MARIE

(BG 1)

TEXTE ÉTABLI ET PRÉSENTÉ

PAR

Aɴɴᴇ PASQUIER

LES PRESSES
DE L'UNIVERSITÉ LAVAL
QUÉBEC, CANADA
1983

Cet ouvrage a été publié grâce à une subvention du Conseil de recherches en sciences humaines du Canada, accordée dans le cadre de son programme d'aide aux grands travaux d'édition.

AVANT-PROPOS

Au terme de ce travail, je remercie monsieur J. É. Ménard qui m'a apporté une aide efficace pour la traduction de l'*Évangile selon Marie*, ainsi que messieurs H. Gagné, P.-H. Poirier et M. Roberge qui, en tant qu'interprètes de notre groupe auprès du Conseil de recherches en sciences humaines du Canada, ont su créer un climat dynamique de travail.

Je dois un merci tout spécial à monsieur B. Barc dont les critiques pertinentes ont donné à cet ouvrage plus de précision et de rigueur, sans oublier l'apport des chercheurs de l'équipe québécoise au cours de nos rencontres hebdomadaires.

Enfin, c'est à l'obligeance de monsieur H.-M. Schenke et à celle du Directeur du Département des Papyrus du Musée Pergamon que je dois d'avoir eu accès au Papyrus 8502 de Berlin. Qu'ils en soient également remerciés ainsi que les membres du *Berliner Arbeitskreis für koptisch-gnostische Schriften*, pour leur très grande hospitalité.

BIBLIOGRAPHIE

ALLBERRY (C.R.C.), *A Manichaean Psalmbook*, II (*Manichaean Manuscripts in the Chester Beatty Collection*, 2), Stuttgart, 1938.

BARC (B.), *L'Hypostase des Archontes*, suivi de *Noréa* par M. ROBERGE (*BCNH*, Section : «Textes», 5), Québec, 1980.

BELTZ (W.), «Katalog der koptischen Handschriften der Papyrus-Sammlung der Staatlichen Museen zu Berlin (Teil I)», *Archiv für Papyrusforschung* 26 (1978) 57-119.

BIANCHI (U.), «Docetism, a Peculiar Theory about the Ambivalence of the Presence of the Divine», in *Myths and Symbols. Studies in Honour of* MIRCEA ELIADE, Chicago, 1969, p. 265-273.

BLASS (F.), DEBRUNNER (A.), *A Greek Grammar of the New Testament and other Early Christian Literature*, a Translation and Revision by R.W. FUNK, Cambridge-Chicago, 1961.

BÖHLIG (A.), POLOTSKY (H.J.), *Kephalaia*, I. Hälfte (*Manichäische Handschriften der Staatlichen Museen Berlin*, I), Stuttgart, 1940.

BRÉHIER (É.), *Les Stoïciens*, textes traduits par Émile Bréhier, édités sous la direction de Pierre-Maxime Schuhl (*Bibliothèque de la Pléiade*), Paris, 1962.

COLLINS (J.J.), «Introduction : Towards the Morphology of a Genre», in *Apocalypse : The Morphology of a Genre*, *Semeia* 14 (1979) 1-19.

COLPE (C.), «Die Himmelsreise der Seele ausserhalb und innerhalb der Gnosis», in *Le origini dello gnosticismo, Colloquio di Messina*, Leyde (*Studies in the History of Religions*, 12), 1967, p. 429-447.

DANIÉLOU (J.), *Théologie du Judéo-Christianisme* (*Bibliothèque de théologie*), Tournai, 1958.

DE LAGARDE (P.), *Didascalia Apostolorum Syriace*, Leipzig, 1854.

DIBELIUS (M.), *James, A Commentary on the Epistle of James* (*Hermeneia*, A Critical and Historical Commentary on the Bible), Philadelphie, 1976.

EPPEL (R.), *Le piétisme juif dans les Testaments des Douze Patriarches*, Strasbourg, 1930.

FALLON (F.T.), «The Gnostic Apocalypses», in *Apocalypse : The Morphology of a Genre*, *Semeia* 14 (1979) 123-158.

FESTUGIÈRE (A.-J.), *La Révélation d'Hermès Trismégiste*, t. 1-4, Paris, 1942-1953.

FINEGAN (J.), *Hidden Records of the Life of Jesus*, Philadelphie-Boston, 1969, p. 205-210.

FROIDEVAUX (L.M.), *Irénée, Démonstration de la Prédication Apostolique* (*SC*, 62) Paris, 1959.

GRANT (R.M.), (ed.), *Gnosticism : A source Book*, Londres, 1961, p. 65-68.

GUILLAUMONT (A.), «Les sens des noms du cœur dans l'antiquité», in *Le Cœur* (*Études Carmélitaines*), Paris, 1950, p. 41-81.

HAELST (J. VAN), *Catalogue des papyrus littéraires juifs et chrétiens* (Université de Paris IV, Paris-Sorbonne, Série «Papyrologie», 1), Paris, 1976.

HARL (M.), *Philon, Quis Rerum divinarum Heres sit* (*OPA*, 15), Paris, 1966.

HENNECKE (E.), SCHNEEMELCHER (W.), (ed.), *New Testament Apocrypha*, t. 2, Londres, 1965.

HERMANN = ALBINUS, *Didaskalikos*, ed. C.F. HERMANN, Appendix Platonica, Leipzig (Teubner), 1853 (editio stereotypa, 1920).

KAPSOMENOS (St.G.), «ΤΟ ΚΑΤΑ ΜΑΡΙΑΜ ΑΠΟΚΡΥΦΟΝ ΕΥΑΓΓΕΛΙΟΝ (P. Ryl. III 463)», *Athena* 49 (1939) 177-186.

KASSER = KASSER (R.), MALININE (M.), PUECH (H.-Ch.), QUISPEL (G.), ZANDEE (J.) (avec la collaboration de W. VYCICHL et de R. McL. WILSON), *Oratio Pauli Apostoli*, in *Tractatus Tripartitus*, t. 2, Berne, 1975, p. 245-285.

KOSCHORKE (K.), «"Suchen und Finden" in der Auseinandersetzung zwischen gnostischem und kirchlichem Christentum», *Wort und Dienst* 14 (1977) 51-65.

LEISEGANG (H.), *La Gnose*, Paris, 1971.

LONG (H.S.), *Diogenis Laertii, Vitae Philosophorum*, livre VII, Oxford, 1964.

MAHÉ (J.-P.), *Hermès en Haute-Égypte*, t. I (*BCNH*, Section: «Textes», 3), Québec, 1978.

MALININE = MALININE (M.), PUECH (H.-Ch.), QUISPEL (G.), TILL (W.C.), KASSER (R.) (avec la collaboration de R. McL. WILSON et de J. ZANDEE), *Epistula Iacobi Apocrypha*, Zurich-Stuttgart, 1968.

MARA (M.G.), *Évangile de Pierre* (*SC*, 201), Paris, 1973.

MARROU (H.I.), *Histoire de l'éducation dans l'Antiquité*, Paris, 1948.

MÉNARD (J.É.), *L'Évangile selon Philippe*. Introduction, texte, traduction et commentaire, Strasbourg, 1967 (références: facs., codex II, p. 51-86: Ménard, p. 53-88).

—, «Le mythe de Dionysos Zagreus chez Philon», *Rev. Sc. Rel.* 42 (1968) 339-345.

—, *L'Évangile selon Thomas* (*NHS*, 5), Leyde, 1975.

—, *La Lettre de Pierre à Philippe* (*BCNH*, Section: «Textes», 1), Québec, 1977.

NOCK (A.D.), FESTUGIÈRE (A.-J.), *Hermès Trismégiste*, t. 1 (*Collection des Universités de France*), Paris, 1978.

ORBE (A.), «El pecado de los Arcontes», *Estudios ecclesiasticos* 43 (1968) 345-379.

PAGELS (E.), «Visions, Appearances, and Apostolic Authority: Gnostic and Orthodox Traditions», in *Gnosis: Festschrift für Hans Jonas*, ed. B. ALAND, Göttingen, 1978, p. 415-430.

—, *The Gnostic Gospels*, New-York, 1980.

PAINCHAUD (L.), *Le Deuxième Traité du Grand Seth* (*BCNH*, Section: «Textes», 6), Québec, 1982.

PASQUIER (A.), «L'eschatologie dans l'Évangile selon Marie: étude des notions de nature et d'image», in *Colloque International sur les Textes de Nag Hammadi* (Québec, 22-25 août 1978), ed. B. BARC, Québec-Louvain, 1981, p. 390-404.

PERKINS (P.), *The Gnostic Dialogue, The Early Church and the Crisis of Gnosticism* (*Theological Inquiries*, Studies in Contemporary Biblical and Theological Problems), New York, 1980.

PÉTREMENT (S.), «Le mythe des sept archontes créateurs peut-il s'expliquer à partir du christianisme?», in *Le origini dello gnostiscismo, Colloquio di Messina* (*Studies in the History of Religions*, 12), Leyde, 1967, p. 460-487.

Pistis Sophia = SCHMIDT (C.), MACDERMOT (V.), *Pistis Sophia*. Edited with English Translation, Introduction and Notes (*NHS*, 9), Leyde, 1978.

PUECH (H.-Ch.), «Gnostic Gospels and Related Documents», in *New Testament Apocrypha*, t. I, ed. E. HENNECKE, W. SCHNEEMELCHER, Londres, 1963, p. 231-362.

—, *En quête de la Gnose*, t. I, *La Gnose et le temps* (*Bibliothèque des Sciences Humaines*), Paris, 1978.

QUISPEL (G.), «Das Hebräerevangelium im gnostischen Evangelium nach Maria», *VC* 11 (1957) 139-144.

REFOULÉ|(R. F.), DE LABRIOLLE (P.), *Tertullien, Traité de la Prescription contre les Hérétiques* (*SC*, 46), Paris, 1957.

ROBERTS (C.H.), *Catalogue of the Greek and Latin Papyri in the John Rylands Library*, t. 3, Manchester, 1938, p. 18-23.

ROUSSEAU (A.), DOUTRELEAU (L.), *Irénée de Lyon, Contre les Hérésies* (*SC*, 211), Paris 1974 (livre III) et (*SC*, 264), Paris, 1979 (livre I).

RUDOLPH (K.), «Der gnostische Dialog als literarisches Genus», *Probleme der koptischen Literatur*, Halle-Wittenberg, 1968, p. 85-107.

SAGNARD (F.M.M.), *La gnose valentinienne et le témoignage de saint Irénée* (*Études de Philosophie médiévale*, 36), Paris, 1947.

—, *Clément d'Alexandrie, Extraits de Théodote* (*SC*, 23), Paris, 1948.

SANTOS (A. DE), *Los Evangelios Apocrifos* (*Biblioteca de Autores Cristianos*), 3ᵉ éd., Madrid, 1975.

SCHENKE (H.-M.), «Bemerkungen zum koptischen Papyrus Berolinensis 8502», in *Festschrift zum 150 jährigen Bestehen des Berliner ägyptischen Museums*, 8, Berlin, 1974, p. 315-322.

SCHMIDT (C.), «Ein vorirenäisches gnostisches Originalwerk in koptischer Sprache» *SAB* (Berlin, 1896), p. 839-847.

—, *Die alten Petrusakten im Zusammenhang mit der apokryphen Apostelliteratur nebst einem neuentdeckten Fragment untersucht* (*TU*, 24/1), Leipzig, 1903.

—, «Irenäus und seine Quelle in Adv. Haer., I, 29», in *Philotesia, Paul Kleinert zum LXX. Geburtstag dargebracht*, Berlin, 1907, p. 315-336.

—, *Pistis Sophia* (Deutsche Übersetzung), Leipzig, 1925.

—, MACDERMOT (V.), *Pistis Sophia*. Edited with English Translation, Introduction and Notes (*NHS*, 9), Leyde, 1978.

SIOUVILLE (A.), *Hippolyte de Rome, Philosophoumena ou Réfutation de toutes les hérésies*, t. I, Première traduction française avec une introduction et des notes (*Les textes du christianisme*, 6), Paris, 1928.

SPANNEUT (M.), *Le stoïcisme des Pères de l'Église, de Clément de Rome à Clément d'Alexandrie*, Paris, 1957.

TARDIEU (M.), *Trois Mythes Gnostiques, Adam, Eros et les animaux d'Égypte dans un écrit de Nag Hammadi* (II, 5) (*Études Augustiniennes*), Paris, 1974.

TILL (W.C.), «Die Berliner gnostische Handschrift», *Europäischer Wissenschafts-Dienst* 4 (1944) 19-21.

—, CARRATELLI (G.P.), «Εὐαγγέλιον κατα Μαρίαμ», *La parola del passato* 1 (1946) 260-265.

—, «Die Gnosis in Ägypten», *La parola del passato* 12 (1949) 230-249.

—, *Die gnostischen Schriften des koptischen Papyrus Berolinensis 8502* (*TU*, 60), Berlin, 1955 — 2ᵉ édition : SCHENKE (H.-M.), Berlin, 1972.

TRAUTMANN (C.), «La parenté dans l'Évangile selon Philippe», in *Colloque International sur les Textes de Nag Hammadi* (Québec, 22-25 août 1978), ed. B. BARC, Québec-Louvain, 1981, p. 267-278.

VERBEKE (G.), *L'évolution de la doctrine du pneuma du Stoïcisme à saint Augustin*, Paris-Louvain, 1945.

WELBURN (A.J.), «The Identity of the Archons in the Apocryphon Joannis», *VC* 32 (1978) 241-254.

WILSON (R.McL.), «The New Testament in the Gnostic Gospel of Mary», *NTS* 3 (1956/1957) 236-243.

—, *Gnosis and the New Testament*, Philadelphie, 1968.

—, MACRAE (G.W.), «The Gospel according to Mary», in *Nag Hammadi Library in English*, ed. J.M. ROBINSON, San Francisco, 1977, p. 471-474.

—, MACRAE (G.W.), «The Gospel according to Mary», in *Nag Hammadi Codices V, 2-5 and VI with Papyrus Berolinensis 8502, 1 and 4* (*NHS*, 11), ed. D.M. PARROTT, Leyde, 1979, p. 453-471.

WINDEN (J.C.M. VAN), *An Early Christian Philosopher* (*Philosophia patrum*, 1), Leyde, 1971.

ABRÉVIATIONS

BCNH = Bibliothèque Copte de Nag Hammadi
C   = W.E. CRUM, *A Coptic Dictionary*, Oxford, 1972
CH   = Corpus hermeticum : A.D. NOCK, A.-J. FESTUGIÈRE, *Hermès Tris-mégiste*, t. 1., Paris, 1978
facs. = *The Facsimile Edition of the Nag Hammadi Codices*, codex II
LS   = H.G. LIDDELL, R. SCOTT, *A Greek English Lexicon*, 9e éd. avec supplément, Oxford, 1968
NHS   = Nag Hammadi Studies
NTS   = New Testament Studies
OPA   = Les Œuvres de Philon d'Alexandrie
Pol   = H.J. POLOTSKY, *Collected Papers*, Jérusalem, 1971
PG   = J.B. MIGNE, *Patrologia graeca*, Paris
SAB   = Sitzungsberichte der preussischen Akademie der Wissenschaften zu Berlin
SC   = Sources Chrétiennes
SVF   = Stoïcorum Veterum Fragmenta, collegit J. von ARNIM, t. 1-3, Leipzig, 1903s
T   = W. TILL, *Koptische Grammatik*, Leipzig, 1970
TU   = Texte und Untersuchungen zur Geschichte der altchristlichen Literatur, Leipzig-Berlin
VC   = Vigiliae Christianae

Les abréviations des titres des différents traités de Nag Hammadi sont celles de la *BCNH*.

INTRODUCTION

A. Présentation du Traité

1. *Le papyrus de Berlin 8502*

L'*Évangile selon Marie* (EvMar) est le premier traité du papyrus de Berlin 8502 (= I 602 Beltz)[1], nommé en abrégé : BG (Berolinensis Gnosticus) 8502. Ce papyrus fut acquis au Caire par C. Reinhardt et il est conservé depuis 1896 au Département d'Égyptologie des Musées Nationaux de Berlin (*RDA*). Il proviendrait peut-être d'Achmim ou de ses environs puisqu'il apparut d'abord chez un antiquaire de cette ville[2]. D'après C. Schmidt, il aurait été copié au Ve siècle de notre ère et peut-être même au début du Ve siècle. Outre l'EvMar, p. [1]-19,5, il comprend trois autres écrits intitulés : l'*Apocryphon de Jean* (ApocrJn), p. 19,6-77,7, la *Sagesse de Jésus-Christ* (SJC), p. 77,8-127, fin et l'*Acte de Pierre* (ActPi), p. 128-141.

La description papyrologique du manuscrit a été faite par W.C. Till, poursuivant les travaux de C. Schmidt, puis rectifiée et complétée par H.-M. Schenke[3]. Le BG 8502 formait à l'origine un seul cahier relié et comprenait 72 feuillets. Il en reste aujourd'hui 65, détachés et conservés sous plexiglas[4]. Le scribe a écrit de 17 à 23 lignes par page, et notamment dans l'EvMar, 21, 22 ou 23 lignes par page, chaque ligne comportant une moyenne de 22 à 23 lettres.

2. *État de conservation de l'EvMar*

L'EvMar est un texte lacuneux. Il y manque les pages 1 à 6 ainsi que 11 à 14. La partie de cet évangile qui nous est conservée se délimite donc ainsi : p. 7,1-10,23 et p. 15,1-19,5. Le début de l'œuvre est perdu mais le titre est porté sur le colophon en 19,3-5.

---

[1] W. Beltz, «Katalog der koptischen Handschriften...», p. 97.
[2] Cf. L'introduction de C. Schmidt, *Die alten Petrusakten...*
[3] W.C. Till, *Die gnostischen Schriften des koptischen Papyrus Berolinensis 8502* (*TU*, 60), Berlin, 1955 — 2ᵉ édition : H.-M. Schenke, Berlin, 1972 ; Id., «Bemerkungen zum koptischen Papyrus Berolinensis 8502», p. 315-322.
[4] La dimension moyenne des feuillets est de 13 $^1/_2$ × 10 $^1/_2$ cm. Le numéro des pages est inscrit en haut, au milieu.

3. *Langue de l'écrit*

Comme les autres écrits du papyrus de Berlin, il est rédigé en *sahidique*. Selon W.C. Till, cette langue est de façon homogène, un sahidique littéraire, qui témoigne à l'occasion des variations de toutes sortes du sahidique classique, imprégné d'éléments caractéristiques du subachmimique et de quelques achmimismes[5]. W.C. Till donne une liste des emprunts dialectaux coexistant à côté des formes sahidiques ainsi que des formes qui n'existent qu'en subachmimique et relève un certain nombre de particularités orthographiques que l'on rencontre habituellement dans les dialectes fayoumiques[6].

Le sahidique étant la langue de traduction, l'EvMar, comme les autres écrits gnostiques, doit à l'origine, avoir été composé en grec; il contient d'ailleurs plusieurs mots directement transcrits du grec. Cependant, les écrits du BG 8502 auraient été copiés à partir d'un texte copte et W.C. Till relève à ce propos quelques fautes d'écriture qui sont des fautes de transcription typiques, en particulier, la confusion entre ϥ et ⲩ comme pronoms suffixes du parfait et du présent d'habitude[7].

4. *Le papyrus Rylands III 463* (Ryl. 463)

Contrairement à l'ApocrJn et à la SJC, aucune version parallèle de l'œuvre n'a été trouvée parmi les écrits découverts à Nag Hammadi; il existe cependant un fragment grec dont l'identité avec le texte copte a été confirmée par le professeur C. Schmidt: le papyrus Rylands 463, une seule feuille fragmentaire mesurant 8.9 × 9.9 cm[8]. Celui-ci fut acquis en 1917 et publié en 1938 par C.H. Roberts[9] puis, en 1939 par St. G. Kapsomenos[10] dont nous reproduisons, dans l'apparat critique, l'établissement du texte ainsi que les conjectures. Selon toute apparence, il provient d'Oxyrhynque. Il est daté du début du IIIe siècle[11].

[5] W.C. TILL, H.-M. SCHENKE, *Die gnostischen Schriften...*, p. 11-23.

[6] ID., *ibid.*, p. 18-21.

[7] ID., *ibid.*, p. 12.

[8] Cf. J. VAN HAELST, *Catalogue des papyrus littéraires...*, N° 1065, p. 331. Le texte est copié au recto (15 lignes) et au verso (16 lignes). Le numéro de chaque page est inscrit au milieu, en haut: 21/22. Quelques lettres seulement indiquent le titre porté sur le colophon: Τὸ [εὐαγγέλι]ον[

[9] C.H. ROBERTS, *Catalogue of the Greek and Latin Papyri*, p. 18-23; bibliographie et traduction dans: A. DE SANTOS, *Los Evangelios Apocrifos*, p. 100-101; aussi J. FINEGAN, *Hidden Records of the Life of Jesus*, p. 205-210.

[10] St. G. KAPSOMENOS, «ΤΟ ΚΑΤΑ ΜΑΡΙΑΜ ΑΠΟΚΡΥΦΟΝ ΕΥΑΓΓΕΛΙΟΝ (P. Ryl. III 463)» *Athena* 49 (1939) 177-186.

[11] Cf. C.H. ROBERTS, *op. cit.*, p. 20.

Le fragment grec correspond dans le texte copte aux pages 17,5-21 et 18,5-19,5. Puisqu'il est fortement mutilé, la comparaison avec le texte copte a permis aux éditeurs de procéder à certaines corrections ou de combler quelques lacunes; elle a cependant mis en lumière plusieurs différences entre les deux[12]. C'est pourquoi le texte grec n'est pas considéré comme la recension qui a servi de modèle à la traduction copte du BG 8502 et cela ne peut étonner si l'on songe que le manuscrit copte est beaucoup plus tardif que le grec : il aurait été transcrit 200 ans plus tard.

Enfin, comme le fait remarquer C.H. Roberts, le style du rédacteur du papyrus grec est tout à fait commun et presque grossier[13]; il suggère que ses connaissances de la littérature grecque, et peut-être même de la littérature chrétienne, n'étaient pas très étendues et que l'ouvrage ne devait pas être destiné à un public cultivé. C.H. Roberts en conclut que le texte transcrit sur le Ryl. 463 représente une recension inférieure. Les divergences avec le texte du BG 8502 donnent donc à penser qu'il devait y avoir en circulation une version grecque différente, peut-être de meilleure qualité.

5. *Datation de l'EvMar*

La comparaison avec le Ryl. 463 peut nous permettre de déterminer approximativement la date de composition en grec de l'*Évangile*. Celui-ci nous paraissant en effet avoir subi des remaniements et présenter déjà une synthèse, il y aurait lieu, à notre avis, de distinguer deux rédactions[14]; or, le Ryl. 463 qui contient, croyons-nous, ces mêmes remaniements, est daté par C.H. Roberts du début du IIIe

---

[12] Par exemple, la réaction de Marie (EvMar, p. 18,1-5) aux propos tenus par Pierre (EvMar, p. 17,15s) ne se retrouve pas dans le fragment grec et on peut remarquer des divergences dans la façon de traiter un même sujet. De plus, il semble bien que la version grecque ait été plus longue. Par la comparaison avec le texte copte, C.H. Roberts est arrivé à la conclusion que le texte du Ryl. 463 devait comporter environ 480 lignes et que la colonne écrite devait mesurer 7.5×12 cm. En effet, une page du texte grec comportait plus de lignes qu'une page du texte copte et cependant, la page 18 du BG 8502 correspond à la page 22 du Ryl. 463. Autre point intéressant souligné par Roberts : un terme grec transcrit tel quel dans le texte copte ne correspond pas nécessairement au terme utilisé dans le fragment grec, là où le copte emploie le verbe γυμνάζειν (18,9), le grec porte συνζητεῖν (22,20).

[13] Cf. C.H. ROBERTS, *op. cit.*, p. 20 : le copiste ne semble pas avoir été très soigneux; on peut en effet relever plusieurs fautes dans ce court passage (en 21,6-7 par exemple, il a répété deux mots sans pour autant les rayer, en 22,25, il a omis une lettre, etc.).

[14] Cf. Introduction, p. 8s.

siècle de notre ère. La première rédaction de l'*Évangile* devrait donc
avoir été faite antérieurement, c'est-à-dire au cours du IIe siècle[15].

6. *Bibliographie*

L'année de l'acquisition du BG 8502, C. Schmidt fit un premier compte
rendu des différents écrits[16]. En 1903, il publia la quatrième œuvre
(ActPi)[17]; mais en raison de la guerre et de la mort de C. Schmidt
en 1938, ce n'est qu'en 1955 qu'une édition complète, avec traduction et
commentaire, pût être publiée par W. C. Till, réimprimée et remaniée par
H.-M. Schenke en 1972[18]. Auparavant, W. C. Till avait publié quelques
articles, dont l'un donnait une traduction complète de l'EvMar[19].

Il faut également signaler la traduction anglaise de G. W. MacRae et
R. McL. Wilson dans *The Nag Hammadi Library in English*[20], reproduite
avec quelques modifications dans la nouvelle édition de D. M. Parrott,
qui publie le texte de l'EvMar accompagné d'un apparat critique et
précédé d'une courte introduction[21].

Enfin, outre quelques analyses du traité qui s'en tiennent à des gé-
néralités ou ne font que résumer l'ouvrage de W. C. Till, il faut noter

---

[15] Il est cependant fort possible que l'*Évangile*, dans sa version définitive, ait été
entièrement composé au IIe siècle. W. C. Till («Die Gnosis in Ägypten», p. 245 et 249)
incline à le classer parmi les œuvres assez anciennes, comme l'ApocrJn, et il le situe
aux alentours de l'an 150. Les doctrines enseignées dans les passages qui nous semblent
avoir été introduits lors d'une rédaction secondaire, évoquent en effet des thèmes fréquemment utilisés au IIe siècle dans le moyen-platonisme par exemple, cf. Commentaire sur 10,15-23.

[16] C. Schmidt, «Ein vorirenäisches gnostisches Originalwerk in koptischer Sprache»,
SAB (1896) 839-847; cf. Également Id., «Irenäus und seine Quelle in Adv. Haer.,
1,29», in *Philotesia, Paul Kleinert zum LXX. Geburtstag dargebracht*, Berlin, 1907,
p. 315-336. Traduction partielle de l'EvMar : Id., *Pistis Sophia*, Leipzig, 1925, p.
LXXXVIIIs; Id., dans C. H. Roberts, *Catalogue of the Greek and Latin Papyri*, p. 22.

[17] C. Schmidt, *Die alten Petrusakten...*

[18] W. C. Till, H.-M. Schenke, *Die gnostischen Schriften...*, p. 24-32 et p. 62-79.

[19] W. C. Till, G. P. Carratelli, «Εὐαγγέλιον κατὰ Μαριάμ», *La parola del passato*
I (1946) 260-265 (court commentaire et traduction); W. C. Till, «Die Gnosis in Ägypten»,
La parola del passato 12 (1949) 230-249; Id., «Die Berliner gnostische Handschrift»,
Europäischer Wissenschafts-Dienst 4 (1944) 19-21.

[20] Cf. J. M. Robinson, ed., *The Nag Hammadi Library*, San Francisco, 1977, p. 471-
474.

[21] D. M. Parrott, ed., *Nag Hammadi Codices V, 2-5 and VI with Papyrus Berolinensis
8502, 1 and 4 (NHS*, 11), Leyde, 1979, p. 453-471. Cf. Également R. M. Grant, ed.,
Gnosticism : A Source Book, Londres, 1961, p. 65-68. E. Hennecke, W. Schneemelcher,
ed., *New Testament Apocrypha*, Vol. 1, Londres, 1963, p. 340-345 (H.-Ch. Puech,
«The Gospel according to Mary»). On peut signaler ici que doit être publiée bientôt,
par M. Tardieu, une traduction française avec commentaire des quatre écrits du BG
8502.

deux articles importants analysant des points particuliers, ceux de
G. Quispel[22] et de R. McL. Wilson[23].

B. La rédaction

1. *Un écrit gnostique*

L'EvMar, comme plusieurs autres écrits gnostiques, s'inscrit dans une
tradition des apparitions du Sauveur ressuscité[24]. Il proclame essentiellement la possibilité de parvenir à une communion spirituelle actuelle avec
le Sauveur ressuscité, par des visions ou dans des moments d'illumination
spirituelle, et de recevoir ainsi de lui des révélations continues[25].
L'*Évangile* enseigne en effet que le Fils de l'Homme est présent à
l'intérieur de chacun des disciples. Cet enseignement exclut donc la
résurrection de la chair puisque la manifestation du Fils de l'Homme
est perçue comme un événement intérieur et personnel[26].

En 8,14, avant d'indiquer à ses disciples comment entrer en
communion spirituelle avec le Fils de l'Homme, le Sauveur[27] prononce
tout d'abord des paroles de paix qui font référence à celles que dit Jésus
après sa résurrection, en *Lc*, 24,36 et en *Jn*, 20,19.21.26, chaque fois qu'il
apparaît à ses disciples troublés et craintifs. De plus, son départ est
brièvement indiqué, avec l'intention évidente de n'évoquer aucun ancrage
historique tel que l'événement de l'ascension (EvMar, p. 9,5). Le sens

---

[22] G. Quispel, «Das Hebräerevangelium im gnostischen Evangelium nach Maria»,
VC 11 (1957) 139-144.

[23] R. McL. Wilson, «The New Testament in the Gnostic Gospel of Mary», *NTS*
3 (1956/57) 236-243; Id., *Gnosis and the New Testament*, Philadelphie, 1968, p. 101-103.
1968, p. 101-103.

[24] Cette tradition évite, à la différence des écrits néo-testamentaires, presque toute
allusion à la vie terrestre de Jésus. Certains «évangiles» gnostiques ne mentionnent
cependant pas que le Sauveur *apparaît* à ses disciples. Il semble en effet manifester sa
présence uniquement par ses réponses et ses exhortations.

[25] Cf. E. Pagels, «Visions, Appearances, and Apostolic Authority…», p. 415-430;
Id., *The Gnostic Gospels*, p. 3-27. Sur le scénario narratif commun à plusieurs «évangiles»
gnostiques, cf. H.-Ch. Puech, «Gnostic Gospels and Related Documents», p. 231-
362.

[26] Nous utilisons ici le mot «chair» dans un sens dualiste, la chair opposée à l'esprit
ou à l'intellect. Certains «évangiles» font référence à la résurrection. Dans ce cas,
les apparitions du Sauveur ne sont cependant pas liées à «l'événement», unique dans
l'histoire, de sa résurrection (elles ne sont pas non plus limitées à la période de
40 jours attestée dans le prologue des *Actes des Apôtres*, 1,3), mais elles manifestent
avant tout la présence continuelle de Jésus, cf. E. Pagels, «Visions, Appearances,
and Apostolic Authority…», p. 417-418.

[27] Le Sauveur est ici perçu comme une manifestation extérieure de cet élément
sauveur intérieur : le Fils de l'Homme, cf. Commentaire sur 8,15-20.

général du contexte [28] nous incite donc à le comprendre comme une brusque disparition qui pourrait, par exemple, être interprétée dans le sens de la conclusion de la SJC où il est dit : «Il leur devint invisible de l'extérieur» [29].

Le Sauveur transmet, d'abord *ouvertement* à ses disciples, son enseignement qui ne réussit cependant pas à faire disparaître leur ignorance et leur trouble, puis *secrètement*, au cours d'une vision intérieure, à *Marie-Madeleine* qui le reconnaît alors immédiatement sans éprouver aucun trouble ni aucune crainte. Comme en quelques autres traités gnostiques, l'autorité d'un apôtre ou d'un disciple, ici Marie-Madeleine, est avant tout légitimée par des révélations secrètes ou des visions, par une expérience personnelle qui certifie l'authenticité de la révélation que ce disciple ou cet apôtre transmettra à son tour [30].

Cet évangile proclame donc la supériorité d'un disciple, jugé même supérieur à Pierre, qui non seulement n'a jamais été reconnu comme apôtre dans la tradition orthodoxe [31], mais qui de plus est une femme. Ce choix répond essentiellement, comme nous le verrons, à une conception androgynique de Dieu. Il se fonde sur des témoignages consignés chez Marc et Jean (*Mc*, 16,9; *Jn*, 20,11-19) où Marie-Madeleine est le premier témoin de la résurrection, mais s'oppose à la tradition orthodoxe qui interdira aux femmes toute participation active à l'intérieur de l'Église, comme enseigner et prêcher.

En affirmant la présence continue du Sauveur ressuscité qui peut ainsi se manifester personnellement à chacun des spirituels et en professant une conception androgynique de Dieu symbolisée par l'union de Marie et du Sauveur, l'EvMar s'oppose donc à la tradition orthodoxe. C'est pourquoi Pierre y est représenté comme le principal adversaire de Marie-Madeleine. La tradition orthodoxe se rapporte en effet par l'origine à Pierre qu'elle considère, avec les Onze, comme le témoin officiel de la résurrection (*Lc*, 24, 34), position qui confère à cet apôtre

---

[28] Cf. Commentaire sur 8,15-20.

[29] SJC (BG), p. 126,18 - 127,1. Cf. *Lc*, 24,31.

[30] Cf. E. PAGELS, *art. cit.*, p. 422. C'est également le cas pour Paul dans les *Actes des Apôtres*.

[31] Les chrétiens gnostiques attribuent souvent leur propre tradition à des personnes qui ne font pas partie de la liste des douze. Certains de leurs écrits, la *Lettre de Pierre à Philippe* (PiPhil) par exemple, reconnaissent cependant l'autorité des douze Apôtres mais ne précisent pas qu'ils ont seuls autorité sur la communauté chrétienne comme le fera la tradition orthodoxe se fondant sur *Mt*, 28,18 et *Ac*, 1,15-20. De plus, comme le fait remarquer E. PAGELS (*art. cit.*, p. 422), leur autorité semble avant tout légitimée par le fait qu'ils ont reçu des révélations supplémentaires ou des visions du Seigneur ressuscité.

toute autorité sur la communauté chrétienne. Par conséquent, il s'oppose aussi aux successeurs de Pierre dont le témoignage leur accorde, à eux seuls, le pouvoir de juger des doctrines religieuses.

Cet évangile témoigne donc d'un conflit vécu à l'intérieur même d'un milieu chrétien au début de notre ère.

2. *Composition*

Puisqu'il est possible, malgré les lacunes, de reconnaître dans notre texte un récit se déroulant linéairement, il est essentiel de le percevoir tout d'abord dans sa progression dynamique avant d'essayer d'en avoir une perception plus globale.

Dans la première partie de l'écrit qui nous a été conservée (7,1s), le Sauveur répond à ses disciples et leur transmet sa révélation puis prononce une dernière exhortation (8,11s) et les quitte (9,5). Après son départ, les disciples sont affligés et irrésolus. Marie intervient alors (9,12s). Elle leur fait une *révélation* succinte, et par ses paroles, «convertit leur cœur au Bien» (9,20s). Pierre demande ensuite à Marie de leur rapporter d'autres paroles du Sauveur qu'eux, les disciples, n'auraient pas entendues (10,1s). La réponse de Marie est un *discours de révélation*, discours qui est déterminé par une vision du Seigneur (10,7s).

Or, l'enseignement de Marie produit une réaction assez violente de la part d'André et surtout de Pierre son frère qui refuse cette fois de croire que le Sauveur ait pu transmettre son enseignement à une femme, à l'insu des autres disciples (17,10s). Marie se met à pleurer (18,1s) et Lévi intervient alors à son tour pour réprimander Pierre et témoigner de la préférence que le Sauveur accordait à Marie, préférence qui la situe même au-dessus de tous les disciples (18,6s). Reprenant quelques-unes des paroles de l'exhortation finale du Sauveur, il invite enfin les disciples à proclamer l'Évangile. En conclusion, ils se mettent en route pour annoncer et prêcher (19,1-2).

Malgré l'absence des pages 1 à 6, on peut présumer que la révélation du Sauveur occupait entièrement ou presque, la première partie du texte.

Le discours de révélation de Marie-Madeleine, qui débute par la description de la vision du Seigneur (10,7s), est également incomplet. Il est en effet interrompu en 10,23, et ne reprend qu'à la page 15, avec le récit de l'ascension d'une âme (15,1-17,9). Il manque donc 4 pages au milieu de la révélation (p. 11-14). On peut cependant établir que les deux thèmes abordés par Marie dans son discours (la vision et l'ascension) occupaient une grande partie des pages perdues du milieu. L'enseigne-ment sur la vision (p. 10) devait en effet certainement se poursuivre à la page suivante (p. 11), puisque le discours s'interrompt brusquement au beau milieu de la réponse du Seigneur à une question dogmatique importante (10,23). D'autre part, le récit de l'ascension (15,1s) occupait nécessairement la page précédente (p. 14) ou, du moins, une partie de la page, puisqu'il débute par la rencontre de l'âme avec la *seconde Puissance*.

Le déroulement du récit pouvant donc être perçu malgré les lacunes, quelques indices nous permettent de croire que le texte aurait subi des remaniements[32]. Après le départ du Sauveur, Marie-Madeleine, par son enseignement, *convertit les disciples* (9,20) et ils se mettent à argumenter sur les paroles du Sauveur. Pierre, soulignant avec respect la pré-férence dont témoignait le Sauveur pour Marie, parmi les autres femmes, demande alors à celle-ci de leur rapporter d'autres paroles que lui aurait confiées le Sauveur, à elle en particulier, *et qu'ils n'ont pas entendues*[33]. Marie répond à sa demande : elle leur transmet sa révé-lation (10,7s). Or, après le discours de révélation de Marie, on peut remarquer un revirement complet dans l'attitude d'André (17,10s) et de *Pierre* (17,15s), qui refuse cette fois d'admettre que le Sauveur ait pu s'entretenir *en secret* avec une femme, *à l'insu des autres disciples*, et qui, aux dires de Lévi, argumente contre Marie comme s'il était son adversaire (18,8-10).

Cette discordance entre l'état d'esprit des disciples en 9,20s et leur attitude après la révélation de Marie (17,10s) nous fait donc croire que le passage compris entre 9,20 et 17,9, c'est-à-dire en substance la révélation de Marie, aurait peut-être été introduit ultérieurement dans le reste de l'écrit.

En revanche, si l'on fait abstraction du passage compris entre 9,20 et 17,9, le texte montre une grande cohérence :

8,11-9,4 : En conclusion de son discours de révélation, le Sauveur salue les disciples avant de partir et leur fait ses der-

---

[32] W.C. Till pour sa part (*Die gnostischen Schriften...*, p. 26), a émis l'hypothèse suivante : l'EvMar serait composé de deux textes, à l'origine hétérogènes, qu'un rédac-teur aurait combinés artificiellement à cause de leur brièveté, alors qu'ils n'avaient rien en commun. Till se base sur le fait que Marie a un rôle prédominant dans la seconde partie du texte tandis que la première est consacrée au Sauveur. Pour P. Perkins («The Genre Gnostic Revelation Dialogue». Ph.D. dissertation. Cambridge : Harvard University, citée par F.T. Fallon, «The Gnostic Apocalypses», p. 131), ce serait un document non chrétien, fractionné et incorporé dans un double cadre narratif.
[33] Il s'agit donc d'une révélation secrète que Pierre lui-même n'a pas entendue.

nières recommandations : il les exhorte à engendrer en eux sa paix, à suivre le Fils de l'Homme, à proclamer l'Évangile, etc.

9,5 - 12 : Après son départ, les disciples sont affligés et irrésolus.

9,12 - 20 : Marie intervient alors et leur adresse un bref discours qui se termine par la déclaration suivante : « Il (le Sauveur) nous a faits Homme » (9,20) [34].

17,10 et surtout 17,15s : Une discussion s'engage alors entre les disciples qui nous paraît être logiquement suscitée par la dernière déclaration de Marie sur l'*Homme* (9,20). Tout le passage qui suit (17,15-19,2) développe en effet une dialectique basée sur les notions *d'homme* et de *femme*. Indignation de Pierre qui refuse de croire que le Sauveur ait pu parler avec une *femme*, en secret, *sur de semblables questions* [35] ; intervention de Lévi qui, reprochant à Pierre de confondre *la femme* avec l'adversaire, affirme l'élection de Marie et propose à sa suite une doctrine sur *l'Homme parfait* qui fait appel au thème de l'unité androgynique [36]. Les disciples commencent à annoncer l'*Évangile* suivant la demande du Sauveur.

Alors qu'on pouvait logiquement penser que les disciples, en 9,20, avaient compris la doctrine anthropologique enseignée par Marie, puisqu'il y était dit qu'ils avaient été *convertis par ses paroles*, il est visible que tel n'est pas le cas à la page 17 ; cette incompréhension oblige en effet Lévi à proclamer de nouveau la même doctrine.

Si notre hypothèse est exacte [37], le passage compris entre 9,20 et 10, 10 [38] a donc été composé, lors d'une rédaction secondaire, pour in-

[34] Le récit qui suit le départ du Sauveur est donc parfaitement cohérent ; en outre, il est étroitement lié, par le vocabulaire et la doctrine, à l'exhortation finale du Sauveur (8,11-9,4) : incertitude des disciples sur la manière d'annoncer l'*Évangile du Royaume du Fils de l'Homme*, affirmation de Marie sur l'Homme, etc.

[35] Cf. Commentaire sur 17,15s.

[36] Cf. Commentaire sur 18,5-21.

[37] On peut signaler quelques autres indices, peu apparents cependant. Au début de la révélation de Marie, par exemple (p. 10,9-11), la répétition du verbe « dire » indiquerait peut-être une interpolation : littéralement « elle se mit à leur *dire* ces paroles : moi, *dit-elle*, je vis le Seigneur... ». On peut également souligner le fait que Marie transmet deux fois son enseignement (en p. 9,12-20 et en p. 10,10 - 17,9).

[38] De « Par ces paroles, Marie convertit leur cœur au Bien » jusqu'à « elle se mit à leur tenir ces propos ».

tégrer la nouvelle révélation (10,10-17,9) au reste de l'*Évangile* et d'autres modifications ont certainement été apportées au texte pour harmoniser l'ensemble (peut-être dans la description de la réaction d'André par exemple)[39].

Enfin, le caractère composite du système des Puissances célestes (15,1-16,14) indiquerait également, à notre avis, un remaniement, peut-être effectué en raison des nouvelles croyances du rédacteur sur le système céleste. L'EvMar présenterait en effet une ascension de l'âme à travers quatre degrés relue à la lumière d'un système secondaire formé de sept entités[40].

À l'exception de cette discordance que nous percevons dans l'attitude des disciples, l'EvMar forme, malgré ses lacunes, un tout cohérent : le rôle important attribué à Marie-Madeleine dans la seconde partie du texte, qui témoigne des liens intimes qui l'unissent au Seigneur, appelle logiquement la scène de la vision. Dans plusieurs traités chrétiens gnostiques, la vision du Seigneur est en effet source de l'enseignement et elle sous-entend l'élection de celui qui l'a perçue. Même si, selon notre hypothèse, cette partie du texte a pu avoir été introduite secondairement, la vision de Marie est donc de nature à provoquer les réactions violentes de Pierre et d'André. De plus, la doctrine transmise par Marie dans le récit de l'ascension de l'âme, présente des liens certains avec le reste de l'écrit[41].

3. *Genre littéraire*

L'hypothèse de deux rédactions expliquerait, selon nous, le caractère composite de l'EvMar (il y a par exemple deux discours de révélation) ;

---

[39] Si notre hypothèse est exacte, le passage décrivant la réaction d'André (17,10-15) pourrait avoir été remanié en fonction du discours de révélation de Marie (10,10-17,7) nouvellement introduit dans le texte d'origine (cf. L'accusation d'André : «Car, semble-t-il, ces enseignements diffèrent par la pensée» [17,14-15]). *Les enseignements* désigneraient en effet assez logiquement l'ensemble du discours de révélation de Marie plutôt que sa déclaration succinte sur l'Homme en 9,20. Le même passage pourrait également avoir été composé lors de la nouvelle rédaction. L'intervention n'aborde pas, du moins pas de façon explicite, le double thème (homme/femme) sur lequel reviendront avec insistance les disciples Pierre et Lévi. D'autre part, même s'il argumente lui aussi contre Marie, André n'est absolument plus évoqué par la suite : Marie ne répond qu'aux attaques de Pierre de même que Lévi n'adresse ses reproches qu'à ce dernier. On pourrait signaler, en outre, le style particulièrement négligé de ce passage (cf. La fréquence du verbe *dire* par exemple).

[40] Cf. Commentaire sur 15,1-17,7 : a. Le cadre de l'ascension, p. 79s.

[41] Cf. Par exemple, en 15,12s, le thème du jugement «qui domine», thème qui se rapporte certainement à l'affirmation du Sauveur sur la domination de la Loi, en 9,2-4.

en raison de cette complexité, le genre littéraire est plus malaisé à déterminer. On est cependant frappé, à la lecture des différents écrits gnostiques, par le nombre impressionnant de ceux qui transcrivent leurs révélations sous forme de dialogue. Cette fréquence, ainsi que leur caractère spécifique, a permis à K. Rudolph et à d'autres auteurs[42] de reconnaître dans les dialogues gnostiques un genre littéraire propre; et l'EvMar, malgré sa complexité et ses lacunes, semble bien présenter les traits particuliers qui caractérisent ce genre[43]. Si celui-ci est connu en d'autres milieux et depuis plusieurs siècles[44], il prend, chez les gnostiques, un éclairage nouveau : les dialogues reproduisent les réponses du Sauveur à ses disciples et ils se situent dans le contexte de la résurrection et de la période qui suit. On ne peut toutefois en trouver l'équivalent dans le Nouveau Testament. Ils sont spécifiques aux chrétiens gnostiques, lesquels se fondaient sur une tradition ésotérique en partie différente de la tradition que nous a conservée le Nouveau Testament.

Cette forme d'expression illustre l'importance accordée par eux à la recherche ininterrompue de la Vérité en ce monde. En fait, selon K. Koschorke, ce commandement («Cherchez, et vous trouverez», cf. EvMar, p. 8,20-21) qui se fonde sur *Mt*, 7,7 et *Lc*, 11,9, serait même une des principales formulations du conflit qui opposa les chrétiens orthodoxes aux chrétiens gnostiques[45]. Le principal reproche que font ces derniers aux chrétiens orthodoxes[46] est qu'ils ne cherchent pas, se contentant

---

[42] K. Rudolph, «Der gnostische "Dialog" als literarisches Genus», p. 85-107; P. Perkins, *The Gnostic Dialogue...*, p. 25-58; Id., «The Gnostic Revelation : Dialogue as Religious Polemic», in W. Haase, *Aufstieg und Niedergang der römischen Welt*, II,22, Berlin-New York, 1980, à paraître.

[43] Les dialogues de révélation, souvent entrecoupés de monologues, sont parfois précédés d'un prologue (scène d'apparition du Sauveur sur une montagne par exemple) et comportent une conclusion (réaction des disciples et discussions suite à la révélation, départ en vue de la proclamation de l'Évangile, etc.). Dans l'EvMar, les éléments narratifs sont plus développés en raison, croyons-nous, des différentes rédactions (comme nous l'avons dit, le deuxième discours de révélation aurait été introduit ultérieurement) en sorte que le texte se présente dans son ensemble comme un récit assez complexe. De ce récit se dégage d'ailleurs un enseignement à l'instar des dialogues de révélation, tant par les personnages eux-mêmes que par les paroles qu'ils échangent (cf. Introduction : Les personnages, p. 22s).

[44] Cf. K. Rudolph, *art. cit.*, p. 85-89 : les gnostiques chrétiens se sont inspirés de plusieurs types de dialogues (dialogues philosophiques platoniciens, dialogues pédagogiques [«erotapokriseis»] et dialogues de révélation) pour transcrire les leurs.

[45] K. Koschorke, «"Suchen und Finden" in der Auseinandersetzung zwischen gnostischem und kirchlichem Christentum», p. 51-65.

[46] Ou, du moins, les chrétiens qui peu à peu représenteront la tradition orthodoxe. Cf. Commentaire sur EvMar, p. 8,20-21.

d'écouter la parole sans la comprendre ou se satisfaisant d'une interprétation littérale des Écritures[47].

4. *Sources*

Ce genre littéraire, qui met l'accent sur le salut par la connaissance,
explique la diversité des doctrines intellectuelles ou des spéculations
dont s'est inspiré le rédacteur. L'EvMar — du moins la partie encore
conservée de l'écrit — propose en effet un enseignement dont le
programme dominant est la recherche du Royaume du Fils de l'Homme.
Or, on peut distinguer dans les dialogues de révélation des éléments
hétérogènes, visiblement empruntés à d'autres sources de connaissance
que le texte canonique du Nouveau Testament. Les spéculations angé-
lologiques par exemple, la description des cieux, du voyage céleste de
l'âme[48], le dualisme cosmologique[49], l'évocation d'une catastrophe
cosmique finale[50] et du salut collectif en dehors de l'histoire, font
partie de la thématique propre à l'apocalyptique. Le Sauveur enseigne
en outre dans ses révélations, une doctrine cosmologique[51] ainsi qu'une

---

[47] F.T. Fallon pour sa part, adopte le terme d'apocalypse pour désigner le genre
littéraire de nombreuses œuvres gnostiques dont l'EvMar et il distingue (avec réserve,
étant donné les lacunes) dans celui-ci deux apocalypses avec dialogues (F.T. FALLON,
«The Gnostic Apocalypses», p. 131-132 et p. 148). L'auteur applique aux traités gnostiques
le schéma modèle élaboré par J.J. Collins à partir d'un inventaire des caractéristiques des
différentes apocalypses (datant approximativement de 250 a.C. à 250 p.C.), qu'elles
soient juives, chrétiennes ou gréco-romaines (cf. J.J. COLLINS, «Introduction : Towards
the Morphology of a Genre», p. 1-19 et en particulier, p. 9). Cette classification ne manque
pas d'intérêt : on retrouve effectivement dans l'EvMar, plusieurs éléments narratifs
ainsi que quelques thèmes propres à l'apocalyptique (cf. Ci-contre : 4. Sources); mais
forment-ils l'essentiel de cet écrit? Une telle étude, de type phénoménologique, ne nous
semble en effet d'aucune utilité pour comprendre une œuvre en particulier; elle conduit à
rapprocher des écrits dont la doctrine ainsi que l'expérience religieuse qu'elle sous-
entend sont fort différentes, tout en négligeant des textes provenant d'un même milieu
littéraire et dont la sotériologie ainsi que la forme offrent beaucoup de similitude
(Fallon n'arrive pas, par exemple, à intégrer dans le schéma modèle les dialogues
gnostiques de révélation comme le *Dialogue du Sauveur* [DialSauv] [lire à ce sujet :
The Gnostic Dialogue..., p. 25-27 de P. PERKINS, qui propose de définir un genre
littéraire en étudiant un groupe d'œuvres restreint, provenant d'un même milieu historique ou sociologique]). On peut enfin noter que le titre ne nous renseigne pas nécessairement sur le genre littéraire d'un traité et qu'en outre, il ne s'agit pas, dans le cas de
l'EvMar, d'un évangile écrit par Marie mais d'un écrit sur Marie; le terme «évangile»
est ici compris dans son sens le plus primitif de «bonne nouvelle du salut», symbolisé
par l'union de Marie et du Sauveur, cf. Commentaire sur EvMar, p. 18,5-21.
   [48] Cf. Le récit de l'ascension de l'âme (EvMar, p. 15,1 - 17,7).
   [49] Cf. EvMar, p. 16,21-17,3.
   [50] La matière retournera se dissoudre dans ses racines (EvMar, p. 7,1-8), le Tout
sera dissous (EvMar, p. 15,20-21).
   [51] Cf. EvMar, p. 7,1-8.

théorie de la connaissance par le *noûs* (l'intellect) qui évoquent des thèmes philosophiques couramment utilisés dans le moyen-platonisme et le stoïcisme[52].

Dans cet évangile, la sotériologie nous semble spécifiquement chrétienne, le rédacteur (ou les rédacteurs) ayant emprunté à d'autres sources de connaissance les thèmes cosmologiques ou anthropologiques qui ne se trouvent évidemment pas ou peu dans le Nouveau Testament. Ce rédacteur était donc un chrétien qui possédait des connaissances assez variées, juives et grecques, dont il s'est servi pour expliquer le Royaume du Fils de l'Homme et son Évangile, afin d'en révéler ainsi un sens caché, c'est-à-dire, pour lui, la véritable signification[53].

À notre avis, le rédacteur de l'EvMar est parvenu à fusionner, en une synthèse réussie, les éléments chrétiens, inspirés du Nouveau Testament et les doctrines cosmologiques et anthropologiques empruntées à d'autres sources scripturaires, doctrines qu'il a remaniées en fonction d'un mythe gnostique que notre texte laisse entrevoir malgré ses lacunes. C'est ce mythe, indépendant du texte canonique du Nouveau Testament, même s'il est constitué pour une part de citations extraites des évangiles et des épîtres canoniques, qui confère cependant à ces citations leur véritable signification. Les gnostiques affirmaient en effet posséder une Sagesse cachée dont la révélation pouvait seule conférer aux Écritures leur véritable sens[54].

L'*Évangile* présenterait donc une forme de christianisme qui avait cours en Egypte durant les premiers siècles de l'ère chrétienne[55].

---

[52] Cf. EvMar, p. 10,15-23. Notons toutefois que ce caractère intellectuel se retrouve par exemple dans les apocalypses du IIe siècle de notre ère ou encore dans les écrits des apologistes. Il est cependant un trait caractéristique des dialogues gnostiques qui mettent l'accent sur le salut actuel par la connaissance.

[53] Selon H.I. MARROU, «aussi longtemps que dure l'antiquité, les chrétiens, sauf quelques cas exceptionnels et limités, n'ont pas créé d'écoles qui leur fussent propres : ils se sont contentés de juxtaposer leur formation spécifiquement religieuse à l'instruction classique qu'ils recevaient, au même titre que les païens, dans les écoles de type traditionnel. Fait considérable, car il s'est noué ainsi, au cours des premiers siècles, entre christianisme et classicisme un lien intime dont l'histoire ne peut que constater la solidité» (*Histoire de l'éducation dans l'antiquité*, p. 456; cette osmose culturelle ne va cependant pas sans difficultés. Souvent les deux doctrines sont rivales. On condamnera la culture antique en tant qu'idéal indépendant, rival de la révélation chrétienne, cf. *ibid.*, p. 459). Cette entente avec l'hellénisme ainsi que l'emprunt de certains thèmes apocalyptiques, revêt d'un caractère intellectuel les éléments chrétiens. Le mouvement gnostique, selon H.I. Marrou (p. 467), est la forme la plus visible que prit cette aspiration vers une science sacrée, qui pût être pour le chrétien, l'équivalent de ce que la haute culture philosophique était pour les païens cultivés.

[54] Cf. L'*Évangile selon Philippe* (EvPhil), p. 53,23-26; p. 53,34-35; p. 64,22-29.

[55] On peut vraisemblablement penser que le pays d'origine de l'EvMar est l'Égypte :

C. La doctrine sur le salut

Dans l'exhortation qui termine son discours de révélation, le Sauveur établit une opposition entre une *règle* qu'il impose aux disciples, et, la *Loi* et les règles du *Législateur* (8,22 - 9,4). Une comparaison avec certains éléments essentiels du chapitre 7 de l'*Épître aux Romains* éclaire le sens de cette polémique tout en faisant ressortir l'unité de la doctrine sotériologique exposée par le Sauveur (7,1 - 9,4). Dans ce chapitre, Paul exhorte en effet les chrétiens à se libérer de la *domination de la Loi* pour appartenir au *Ressuscité*.

	Épître aux Romains, chap. 7	EvMar
Union adultère : sous la domination de la Loi	Exemple de la femme qui ne peut plus être qualifiée d'adultère lorsqu'elle est affranchie de la Loi : «mais si le mari meurt, elle est *affranchie de la Loi*, de sorte qu'*elle n'est pas adultère* en appartenant à un autre *homme*. De même, mes frères, vous aussi vous avez été mis	«vous agissez en conformité avec la nature de l'*adultère*» (7,14-16) Les disciples doivent
(appartenance au Ressuscité)	à mort à l'égard de la Loi… pour appartenir à un autre, à celui qui a été relevé d'entre les morts» (7,3-4)	suivre le *Fils de l'Homme* sans imposer de Loi.
Libération à l'égard de la *Loi qui domine*	«Mais maintenant nous avons été dégagés de la *Loi*, étant morts à ce qui nous *dominait*» (7,6)	«ne donnez pas de *Loi* à la manière du Législateur afin que jamais vous ne soyez *dominés* par elle.» (9,2-4)
Non-existence du péché	«car sans la Loi *le péché est mort.*» (7,8)	«Il n'y a *pas* de *péché*, mais c'est *vous* qui *faites exister le péché*» (7,13-14)
Enchaînement : *Loi, péché, mort*	«mais une fois le commandement venu, *le péché a pris vie*, et moi, je suis *mort*.» (7,9-10)	«Voilà pourquoi vous êtes affai[blis] et vous *mourez*» (7,21-22)
Deux Lois opposées	«Car je prends plaisir à la *Loi* de Dieu *selon l'homme intérieur* ; mais je perçois dans mes membres *une autre Loi* qui combat contre	Deux commandements : suivre le *Fils de l'Homme* à *l'intérieur* de soi.

il est écrit en copte, il a été rapporté d'Égypte par C. Reinhardt ; en outre, le Ryl. 463 qui contient un fragment de l'EvMar proviendrait d'Oxyrhynque.

la Loi de mon intelligence et me   S'opposer à la *Loi du*
tient captif sous la Loi du péché»   *Législateur*, qui entraîne
(7,22-23)   la *domination* (8,18-9,4)

On retrouve donc dans l'EvMar comme chez Paul, la Loi, le péché, la mort, sortes de puissances mythiques se succédant nécessairement, rendant ainsi l'homme esclave. Dans l'EvMar cependant, cette doctrine est transformée en fonction du mythe cosmologique et sotériologique exposé dans le discours de révélation du Sauveur. Car le péché, chez Paul, est une tendance naturelle dans l'homme alors qu'il est contraire à sa nature dans cet évangile.

Suivant la doctrine cosmologique enseignée par le Sauveur, le péché n'est pas, en effet, envisagé sous son aspect moral mais cosmique : en un temps primordial, eut lieu le mélange de deux natures antinomiques, la nature de la matière et la nature (spirituelle)[56]. L'expression utilisée par le Sauveur à ce propos est significative :

> Il n'y a pas de péché, mais c'est vous
> qui faites exister le péché lorsque vous
> agissez en conformité avec la nature
> de l'adultère *que l'on nomme « le péché ».*
> (7,13-17)

Le péché est attribué par le Sauveur aux disciples eux-mêmes. Ce sont eux qui le font exister. De plus, il est relié à l'adultère. Cette notion est habituelle dans les textes gnostiques où elle symbolise le mélange de l'âme avec la matière : originellement androgyne, l'âme devient adultère lorsqu'elle entre dans le corps. Il existe donc provisoirement une nature de l'adultère, celle de l'âme déchue et séparée de son conjoint, c'est-à-dire de sa véritable nature[57].

On comprend donc pourquoi le Sauveur ordonne à ses disciples de ne pas donner de Loi à la manière du Législateur car, s'il n'y a pas de Loi, *il n'y a pas de péché* (7,13) : comme chez Paul, lorsqu'il n'y a pas de Loi, le péché est mort et *il n'y a plus d'adultère*. À l'opposé, celui qui donne la Loi (comme le Législateur) fait exister le péché.

En contrepartie, il est demandé aux disciples d'obéir à un précepte, celui du Fils de l'Homme qu'il faut suivre à l'intérieur de soi. La transgression de cet unique commandement constitue le seul péché que peut commettre le gnostique, puisqu'il doit désobéir aux Lois du Législateur pour choisir celle de l'Évangile.

[56] Cf. Commentaire sur 7,1-9 et 7,17-22.
[57] Cf. Commentaire sur 7,10-17.

c'est vous qui faites exister le péché
lorsque vous agissez en conformité avec *la
nature de l'adultère*

(7,14-16)

soyez obéissants envers chaque Image de
la nature.

(8,8-10)

L'équivalence peut être établie d'une part, entre la demande du
Sauveur d'obéir à la nature et celle de suivre le Fils, Image intérieure de l'Homme et, d'autre part, entre la Loi et les règles du
Législateur et la nature de l'adultère. L'enseignement cosmologique
du Sauveur se double d'une polémique anti-légaliste. La Loi du Fils
de l'Homme apporte le salut : le retour de l'âme à sa véritable
nature ; la Loi mosaïque au contraire la domine en la maintenant dans
une union adultère avec la matière [58]. Les deux Lois sont incompatibles :
l'adhésion à la première implique nécessairement le rejet de la seconde ;
aussi pouvons-nous présenter le schéma suivant :

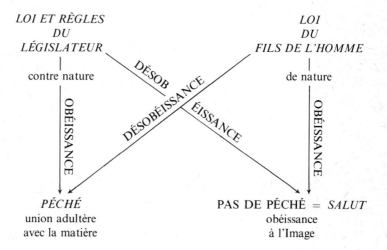

Qui est le Fils de l'Homme dont la découverte procure la *paix* et le
salut ? Dans l'épître d'*Eugnoste le Bienheureux* (Eug) par exemple, comme dans plusieurs autres écrits de la littérature gnostique, l'Homme et
le *Fils de l'Homme* représentent ces entités immortelles dont l'homme
terrestre n'est qu'une contrefaçon [59] ; le Royaume est celui du Fils

[58] Cf. Commentaire sur 8,21 - 9,4.
[59] Cf. Commentaire sur 10,10-23, p. 75-77.

appelé le *Sauveur* ou est-il précisé plutôt, dont le Sauveur est une manifestation[60].

Or, dans l'EvMar, ce Royaume spirituel est présent à l'intérieur de chacun des disciples. Le Sauveur ne fait donc que susciter cette réalité qui existe déjà en eux et dont il est une manifestation extérieure. Le Fils de l'Homme n'est alors ni descendu ni remonté, ni mort ni ressuscité à proprement parler mais il doit resurgir en chacun de ceux qui le chercheront puisqu'il leur est pour le moment caché.

Dans l'exhortation que le Sauveur fait à ses disciples *au moment de partir*, ce n'est donc pas le départ qui est mis en relief mais plutôt le fait que dorénavant il ne leur sera plus extérieur.

C'est ce que réalise Marie-Madeleine dont la révélation traduit une intériorisation du salut (10,7s) : au cours d'une vision, le Seigneur apparaît à Marie qui le reconnaît immédiatement et parfaitement. Cette absence de trouble, qui est le signe d'une *paix* intérieure, est suscitée par la découverte en elle-même du *trésor*, c'est-à-dire d'un élément *sauveur intérieur*, découverte qui fait d'elle un révélateur[61].

D. Le mythe

Il est évidemment impossible, à partir de la doctrine sotériologique, de décrire de façon exhaustive le système des émanations qui composent le Royaume dans l'EvMar. Tout au plus, pouvons-nous tenter de représenter les éléments que nous laissent entrevoir les pages conservées.

Le texte met donc en lumière le *Fils de l'Homme* ou le Sauveur. La doctrine sur l'Homme fait appel au thème de l'unité androgynique : le Fils, par l'intermédiaire du Sauveur, vient en effet chercher l'élément féminin, c'est-à-dire l'élément spirituel descendu dans le monde inférieur. L'union du Fils et de cette semence spirituelle forme l'*Homme parfait* (9,20 ; 18,15s) qui est, selon les Naassènes, l'Image de l'Homme préexistant, indescriptible et inconnaissable dont le nom est Adam[62].

L'*Évangile* semble également faire allusion à l'*homme terrestre* ou charnel. Dans le récit de l'ascension, l'âme est accusée d'homicide par les Puissances du monde inférieur (ⲧ̣ϩⲁⲧⲃⲣⲱⲙⲉ, 16,15) : elle aurait en effet tué (ϩⲱⲧⲃ) l'homme (ⲣⲱⲙⲉ), l'homme terrestre, c'est-à-dire le corps.

---

[60] Eug, III, p. 76,21s ; p. 81,12s ; p. 85,9-14 ; p. 81,21-82,2.
[61] Cf. Commentaire sur 10,10-23.
[62] *Elenchos*, V, 8,21 ; cf. Commentaire sur 8,15-20 et 18,5-21.

Nous pouvons donc proposer le schéma suivant :

FORME DU ROYAUME SUPÉRIEUR	L'HOMME SUPÉRIEUR LE FILS DE L'HOMME (les spirituels)
	limite
	limites (Loi) L'HOMME CHARNEL

Le Fils est le symbole de l'immanence du Royaume mais également de la coupure, de la transcendance. En ce dernier sens, l'EvMar présente un contexte où s'affrontent deux mondes, deux Lois, contexte dont l'archétype central est celui de la limite (ὅρος).

C'est ce qu'atteste cette partie du monologue de l'âme en conclusion de l'ascension :

> Dans un *monde*, j'ai été délivrée grâce à un *monde* et dans une *Image*, grâce à une *Image* supérieure.
>
> (16,21 - 17,3)

Le cosmos supérieur ou intérieur serait celui du Fils, *Image* de l'Homme immortel dont le cosmos inférieur, celui de l'homme terrestre, est une *contrefaçon*[63]. Il existe également deux Lois ou deux limites, celle du Législateur qui retient l'âme prisonnière dans le monde matériel et celle de l'Évangile ou du Fils.

Éléments d'anthropologie

Avant de décrire le système des Puissances du monde inférieur qui nous est présenté dans le récit de l'odyssée de l'âme (15,1 - 16,13), il nous est possible de discerner à un autre niveau — celui-là psychologique — le même processus de médiation que laissaient apparaître les personnages mythiques du monde supérieur. En effet, l'homme intérieur est composé d'âme et de *pneuma* au milieu desquels doit intervenir le *noûs* qui seul permet la vision. Cet élément central permet

---

[63] Cf. Commentaire sur 16,1 - 17,7.

la réunion d'un élément supérieur, le *pneuma*, à l'âme, soumise aux passions[64].

```
┌─────────────────────────────────────────────────────────┐
│        HOMME INTÉRIEUR : ÂME — NOÛS — PNEUMA              │
└─────────────────────────────────────────────────────────┘
```

Autres aspects du Royaume

Alors que Pierre demande à entendre les *paroles* du Sauveur — tout le récit étant orienté vers ce programme dominant : l'annonce de l'Évangile, l'audition des paroles de salut — Marie, dans son discours de révélation, répond qu'elle a *vu* le Seigneur *en vision*. La vision est donc supérieure à l'audition comme chez Philon d'Alexandrie, pour qui le sage parvient à voir ce qu'il ne faisait jusque là qu'entendre. Selon cet auteur en effet, les auditeurs deviennent spectateurs : les yeux sont actifs et deviennent mâles[65] (cf. EvMar, p. 10,10-12 : «je (Marie) *vis* le Seigneur en *vision* et je lui *dis*»).

C'est donc la vision qui engendre la *parole*[66]. Or, dans son discours de révélation, Marie enseigne aux disciples que l'homme peut parvenir à voir grâce au *noûs* : «c'est lui qui perçoit la vision» (10,22-23). Le Logos (la parole) est issu du *noûs*; mais au-dessus du *noûs*, se trouve le *Silence* (le Royaume se nomme aussi repos et Silence : 17,5-7). La parole de l'Évangile est donc issue du Silence comme chez les Valentiniens par exemple, où le Logos descend de σιγή. La vision représente le stade nécessaire entre le Silence et la parole.

---

[64] Cf. Commentaire sur 10,10-23 : la vision de Marie.

[65] PHILON, *De Migratione Abrahami*, 38,43-52; *De Confusione Linguarum*, 140-148; *De Abrahamo*, 150.

[66] On retrouve la même opposition entre la connaissance qui ouvre sur la parole et la simple audition dans le *Deuxième Traité du Grand Seth* (GrSeth). Ceux qui appartiennent à la race noble (les vrais chrétiens) ont été rendus parfaits grâce à l'eau vivante «afin que nous nous édifiions les uns les autres, non seulement dans l'audition de la Parole, mais activement et dans la proclamation de la Parole. En effet, c'est ainsi que les parfaits sont dignes d'être égaux entre eux et d'être réunis à moi de sorte qu'ils ne succombent à aucune inimitié, grâce à une communion bénéfique» (p. 61,28-62,10, trad. franc., p. 53-55, Painchaud). Dans le GrSeth, au-delà des notions philosophiques qui la sous-tendent, cette opposition a une portée polémique : les vrais chrétiens sont libres et égaux et cette égalité à l'intérieur de la communauté empêche l'éclosion de rivalités (cf. GrSeth, p. 62,14-19) comme cela arrive dans une communauté dont l'ordre serait hiérarchique, cf. L. PAINCHAUD, *Le Deuxième Traité du Grand Seth*, p. 127. Sans aller aussi loin dans l'interprétation de ce passage de l'EvMar, on peut cependant souligner que dans cet écrit Pierre et les disciples (c'est-à-dire les représentants de la tradition orthodoxe), simples auditeurs, sont opposés à Marie, la révélatrice.

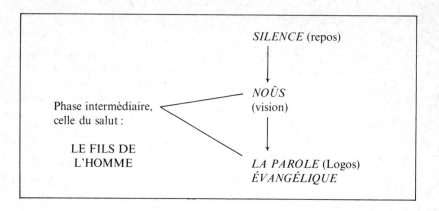

Le panthéon du monde inférieur

Avant d'atteindre le repos dans le Silence, l'âme doit subir quatre épreuves rituelles : elle rencontre successivement quatre Puissances[67], dont la quatrième, la plus élevée, est multiforme. Nous retrouvons encore une fois, dans ce passage, le schéma habituel des questions et des réponses dont la forme et le contenu ont cependant été inversés. Ce sont les Puissances qui interrogent. L'interrogation n'a donc plus le sens d'une recherche de la Vérité mais elle a pour but de confondre l'âme ; elle est essentiellement polémique. Les questions portent déjà en elles la réponse, c'est-à-dire la condamnation[68].

L'âme, par contre, se rit des Puissances de la fatalité dont elle renverse les arguments comme en se jouant et semble prendre un malin plaisir à les contredire (par exemple, le dialogue empreint d'humour entre l'âme et le Désir : 15,1-10).

Voici les noms des Puissances ou des cieux inférieurs, noms qui révèlent la substance du monde matériel[69] :

---

[67] Nous ne possédons plus la description du passage de l'âme dans la sphère d'influence de la première Puissance ; après une interruption de 4 pages (p. 11-14) le récit reprend en effet avec la description de la seconde Puissance (15,1).

[68] Cf. 15,1 - 16,16 : il s'agit bien en effet d'un interrogatoire. L'âme est accusée d'homicide, de mensonge ou d'abus de confiance, d'avoir été dominée par un mauvais penchant, etc.

[69] Au plan psychologique, Puissances et passions sont équivalentes. Philon d'Alexandrie, par exemple, a recours à la titanologie ou à la gigantologie pour expliquer les passions, cf. J.É. MÉNARD, «Le mythe de Dionysos Zagreus chez Philon», *Rev. Sc. Rel.* 42 (1968) 339-345.

IV			COLÈRE SEPTIFORME			
la Ténèbre	le Désir	l'Ignorance	la Jalousie de la Mort	la Royauté de la Chair	la folle Sagesse charnelle	la Sophia coléreuse
			↑			
III			IGNORANCE			
			↑			
II			DÉSIR			
			↑			
I			[TÉNÈBRE]			

Il serait vain de vouloir comparer le panthéon des Puissances infé-rieures de l'EvMar avec d'autres systèmes gnostiques connus, étant donné leur complexité. Nous pouvons seulement faire remarquer que la Jalousie de la Mort, la Colère ainsi que la Ténèbre, le Désir et l'Ignorance pourraient être des hypostases de Ialdabaoth[70].

Quoi qu'il en soit, ce monde inférieur s'oppose directement au Royaume spirituel. Il possède sa propre Sagesse, la Sophia coléreuse (une Sagesse inférieure ayant comme modèle une Sagesse supérieure : cette doctrine est connue dans la littérature gnostique[71]; l'EvMar comptait peut-être une Sagesse idéale parmi les hypostases du monde supérieur). La Colère est liée à la dramaturgie eschatologique habituelle des apocalypses, au jugement et à la mort; l'âme échappe ainsi au jugement et à la Loi. La Royauté de la Chair est la contrepartie du Royaume du Fils de l'Homme[72].

[70] Cf. Commentaire sur 15,1 - 17,7 : a. Le cadre de l'ascension.
[71] Cf. Note 150 du commentaire.
[72] Il nous est impossible de déterminer la secte ou l'école à laquelle a pu appartenir le rédacteur (ou les rédacteurs) de ce texte puisque le système des Puissances qui le carac-térise est fragmentaire. Il ne nous semble cependant pas sans intérêt de noter que ces hypostases du monde supérieur que sont l'*Homme* et le *Fils de l'Homme* constituent la majeure partie du plérôme décrit dans Eug ainsi que dans la SJC. On retrouve également, dans ces deux textes, *Silence* qui est la parèdre de l'Homme immortel. Certains auteurs ont souligné la parenté entre la sentence de l'EvMar sur l'intériorité du Royaume (8,18-19) et celle qui dans l'*Elenchos* est attribuée aux Naassènes (*Elenchos*, V,7,20 : ἥνπερ ⟨τὴν⟩ ἐντὸς ἀνθρώπου Βασιλείαν οὐρανῶν ζητουμένην), sentence qui se retrouve aussi dans l'*Évangile selon Thomas* (EvTh) Logion 3, p. 32,19-26. Il est en effet dit dans la Notice sur les Naassènes que le Royaume, identifié avec «la nature bienheureuse des choses passées, présentes et futures», doit être recherché à l'intérieur de l'homme. En outre, les Naassènes placent à l'origine du monde supérieur un Homme et un Fils de l'Homme et ils racontent la création d'un homme terrestre, fait à l'image de celui qui est en haut et à qui il fut donnée une âme recherchée par le Sauveur; ils utilisent également l'expression d'«Homme parfait» ainsi que celle de «nature» pour désigner les trois races : pneumatique, psychique et hylique. Enfin, le démiurge Ialda-baoth, fait de feu, est le quatrième par le rang (système de quatre Puissances?). Ceci étant dit, ces indices ne nous permettent cependant pas de conclure à une influence

On peut donc déceler dans l'EvMar deux mouvements — d'élévation et de descente — qui symbolisent une expérience religieuse ou psychique. L'ascension indique une attitude de conflit avec le monde; son intention est fortement polémique : le salut s'opère par une rupture entre ce monde-ci et l'autre. Positivement cependant, elle exprime la transcendance. En revanche, le Royaume doit être cherché à l'intérieur de l'homme; la descente a pour but l'unification. La chute peut donc être représentée comme un déploiement de l'intérieur vers l'extérieur, une extériorisation du Royaume et, en contrepartie, le salut comme un repliement. C'est ce que Philon d'Alexandrie appelle «sortir au dedans» et «rentrer au dehors»[73].

E. Les personnages

Dans l'EvMar, Pierre, André et Lévi[74] se distinguent des autres disciples, les deux premiers par leur attitude négative à l'égard de

directe. L'Homme et le Fils de l'Homme se retrouvent dans les écrits d'autres sectes, chez les Séthiens décrits par Irénée par exemple (*Adv. Haer.*, I, 30, 6). De plus, le Silence, la Sagesse inférieure, le Sauveur, toutes ces entités font partie d'autres systèmes gnostiques. Tant que l'ensemble de la littérature gnostique découverte à Nag Hammadi ou ailleurs n'aura pas été étudiée complètement, il est prématuré d'utiliser les classifications des hérésiologues.

[73] Philon, *Quis Rerum divinarum Heres sit*, 81.

[74] Cf. E. Hennecke, W. Schneemelcher, ed., *New Testament Apocrypha*, 2, 1965, p. 64, pour un relevé des différents textes où est présent l'apôtre Lévi, quelquefois confondu avec Matthieu. En *Mt*, 9,9, il est dit que Jésus demande à un collecteur d'impôt nommé Matthieu, de le suivre et, en *Mt*, 10,3, Matthieu, le collecteur d'impôt, est nommé dans la liste des douze apôtres. Cependant, en *Mc*, 2,14 et *Lc*, 5,27, c'est Lévi, le collecteur de taxes, qui est appelé par le Seigneur alors que dans les listes respectives des douze apôtres, en *Mc*, 3,13-19 et en *Lc*, 6,12-16, c'est le nom de Matthieu et non celui de Lévi qui est donné. Comme le fait remarquer E. Hennecke, même si, dans les premiers temps du christianisme, Matthieu et Lévi ont pu facilement être identifiés, nous trouvons néanmoins très tôt les deux noms cités côte à côte, par exemple chez Héracléon (Clément d'Alexandrie, *Strom.*, IV, 71,3). Le nom de Lévi fut introduit très tôt dans les catalogues d'apôtres; Origène cependant, qui n'identifie pas non plus le collecteur d'impôt Lévi avec Matthieu, mais l'exclut de la liste des douze, rapporte que certains exemplaires de l'Évangile de Marc incluent Lévi parmi les douze (*C. Celse*, 1,62).

Outre l'EvMar, nous trouvons un autre exemple de la réunion Pierre, André, Lévi, dans l'*Évangile de Pierre*, 50, où est également présente Marie-Madeleine «disciple du Seigneur» qui occupe cependant, comme témoin de la résurrection, une place moins importante que dans les évangiles canoniques (cf. Commentaire, p. 197-200 de l'édition de M.G. Mara [*SC*, 201]). Dans cet évangile, Lévi figure comme l'un des disciples les plus intimes de Jésus. C'est également le cas dans un passage de la *Didascalie syriaque* (cf. P. de Lagarde, *Didascalia Apostolorum Syriace*, Leipzig, 1854, p. 88-89) qui raconte comment le matin du dimanche de Pâques, le Christ ressuscité entre chez Lévi : «Dans la nuit qui commence le dimanche, il apparut à *Marie de Magdala*, et à Marie fille de Jacques, et au matin, du dimanche, il entra chez Lévi, puis il nous apparut à nous-mêmes».

Marie[75], le dernier, au contraire, parce qu'il intervient en sa faveur contre Pierre. Pierre représente avec André la tradition commune, ouverte à tous[76], selon laquelle l'autorité sur la communauté chrétienne est restreinte à un petit groupe d'apôtres et aux seuls successeurs choisis par Pierre.

Après la révélation de Marie, André refuse de croire que le Sauveur ait pu enseigner à celle-ci de telles doctrines : «Car, semble-t-il, ces enseignements diffèrent par la pensée» (17,14-15)[77]. Cette critique pourrait traduire un jugement fréquemment porté au IIe siècle contre les gnostiques par l'Église orthodoxe pour qui la diversité de l'enseignement est la marque de l'hérésie[78].

Dans quelques écrits gnostiques, où d'ailleurs son rôle est minimisé, Pierre montre la même hostilité à l'égard de Marie et des autres femmes. Trois textes retiennent l'attention : l'EvTh, la *Pistis Sophia* et bien entendu, l'EvMar.

Dans l'EvTh, Simon Pierre dit à Jésus : «Que Marie sorte du milieu de nous, car les femmes ne sont pas dignes de la Vie»[79]. Dans la *Pistis Sophia*, il déclare : «"Seigneur, nous ne pouvons souffrir cette femme qui nous enlève la place et ne laisse parler aucun de nous, mais qui parle une foule de fois". Jésus répondit, il dit à ses disciples : "Que celui en lequel la puissance de son esprit (*pneuma*) bouillonnera pour lui faire comprendre ce que je dis, que celui-là s'avance et qu'il

---

[75] Selon C. Schmidt, il semblerait que dans les débuts de l'ère chrétienne on comprenait sous le vocable simple de Marie, très fréquemment Marie-Madeleine; du moins est-ce vraisemblablement le cas dans les textes gnostiques (la mère de Jésus y apparaît peu et il est toujours précisé qu'il s'agit d'elle); dans la *Pistis Sophia* elle est quelques fois nommée par son nom entier. Outre l'EvMar et la *Pistis Sophia*, Marie-Madeleine est présente dans l'EvTh, l'EvPhil, le DialSauv, la SJC ainsi que dans les deux *Livres de Jéû*, cf. C. SCHMIDT, *Pistis Sophia* (Deutsche Übersetzung), Leipzig, 1925, p. LXXXVII; également, H. LEISEGANG, *La Gnose*, Paris, 1971, p. 83 et 249, sur l'importance de Mariamme ou Mariamne chez les Naassènes et d'autres sectes gnostiques d'après les témoignages d'Hippolyte, d'Origène et d'Épiphane (Schmidt identifie cette Mariamme avec Marie-Madeleine à partir de la *Pistis Sophia* et des autres écrits où celle-ci est présente).

[76] Cf. EvMar, p. 17,15-22 : Pierre ne peut croire que le Sauveur ait transmis son enseignement à une femme, *en secret*, et non *ouvertement* en sorte que tous les disciples puissent entendre. Sur le personnage de Pierre dans les différents textes gnostiques, cf. T. BAUMEISTER, «Die Rolle des Petrus in gnostischen Texten», Communication présentée au Deuxième Congrès international d'Études Coptes, Rome, 22 septembre 1980 (à paraître).

[77] Le texte du Ryl. 463 est plus explicite : les enseignements de Marie ne sont pas conformes à la pensée du Sauveur (21,9-11); cf. Note 176 du commentaire.

[78] IRÉNÉE, *Adv. Haer.*, III, 2,1.

[79] EvTh, Logion 114, p. 51,18-20, trad. franc., p. 74 Ménard.

parle''»[80]. Dans un autre passage, Marie dit : «Seigneur, mon *noûs* est intelligent en tout temps, de sorte que je peux m'avancer chaque fois pour donner l'interprétation des paroles qu'elle (Pistis Sophia) a dites; mais je crains Pierre parce qu'il m'a menacée et qu'il hait notre sexe»[81].

Enfin, dans l'EvMar, la colère de Pierre est, à notre avis, directement provoquée par cette déclaration de Marie[82] : «Il (le Sauveur) *nous* a faits *Homme*» (9,20). En 17,15-22, Pierre tire en effet argument contre Marie de l'opposition qu'il établit entre la femme et les disciples ou ce qui revient au même, entre *femme* et homme. C'est bien ainsi que Lévi comprend les paroles de dénigrement de Pierre : «Pierre, depuis toujours tu es un tempérament bouillant, je te vois maintenant argumenter contre la *femme* comme un *adversaire*» (18,7-10). Pierre, selon les mots utilisés par Lévi, traite la femme comme un adversaire. C'est également ce que suggèrent les autres écrits cités plus haut.

Pour le rédacteur de cet évangile, Pierre symbolise donc un courant spécifique, au IIe siècle, au sein de l'Église orthodoxe, pour qui les apparitions aux femmes du Christ ressuscité ne confèrent pas à celles-ci le privilège d'exercer une autorité sur la communauté chrétienne et qui leur refuse de ce fait le droit de participer au message de la résurrection ou à l'annonce de l'Évangile. Cette séparation entre hommes et femmes sera une autre source de conflit entre l'Église orthodoxe et certains gnostiques[83].

Car, à l'opposé, la révélation particulière communiquée à Marie-Madeleine légitime la foi religieuse d'un autre groupe de chrétiens et, pour le rédacteur de cet évangile, comme pour plusieurs autres, la préférence témoignée à Marie par le Sauveur est perçue comme une manifestation de l'androgynie divine et symbolise le retour à l'unité originelle[84]. Dans l'EvTh, Jésus répond à Simon Pierre qui refuse aux femmes le droit d'hériter de la Vie[85] : «Voici que je la guiderai afin de la faire *mâle*, pour qu'elle devienne, elle aussi, un esprit (*pneuma*)

[80] *Pistis Sophia*, livre I, chap. 36, p. 58 Schmidt-MacDermot; aussi livre IV, chap. 146, p. 377 Schmidt-MacDermot.
[81] *Pistis Sophia*, livre II, chap. 72, p. 162 Schmidt-MacDermot.
[82] Cf. Introduction, sur les problèmes de rédaction, p. 8s.
[83] Cf. TERTULLIEN, *De Praescr.* 41, trad. franc., p. 147-148 Refoulé-Labriolle : «Et chez les femmes hérétiques elles-mêmes, quelle impudence! N'osent-elles pas enseigner, disputer, exorciser, promettre des guérisons, peut-être même baptiser?». Sur ce sujet, cf. E. PAGELS, *The Gnostic Gospels*, p. 59-65.
[84] E. PAGELS, *op. cit.*, p. 48-69.
[85] EvTh, Logion 114, p. 51,20-26, trad. franc., p. 74 Ménard. En 1 *Pi*, 3,7, Pierre affirme cependant le contraire.

vivant semblable à vous, mâles. Car toute femme qui se fera mâle entrera dans le Royaume des cieux». Dans l'EvMar, Marie-Madeleine semble même la seule, pour le moment, à être devenue Homme. C'est pourquoi Lévi exhorte les autres disciples à se revêtir comme elle de l'Homme parfait (18,15-21)[86].

Il se pourrait que cet évangile utilise contre Pierre les mêmes arguments que les gnostiques cités par Irénée de Lyon dans son Livre III[87]. D'après eux, les apôtres pensaient encore comme des Juifs lorsqu'ils ont annoncé l'Évangile, et ils ont mélangé les prescriptions de la Loi avec les paroles du Sauveur. Pierre lui-même aurait aussi ignoré la Vérité et il n'aurait pas eu «la Connaissance parfaite»[88]. Dans notre texte, la Loi du Législateur, la *Loi mosaïque*, s'oppose en effet directement à celle du *Fils de l'Homme* et de l'*Homme immortel*. Alors que la tradition orthodoxe utilise pour décrire Dieu des épithètes uniquement masculines (père, juge, créateur, Seigneur, etc.), plusieurs auteurs gnostiques le représentent comme une unité qui contient en elle-même deux principes, masculin et féminin, ou deux aspects dont les notions de virilité et de féminité, celles qui caractérisent l'homme terrestre, ne sont qu'une contrefaçon, parce qu'elles entraînent au contraire la division[89]. Les gnostiques font abstraction de tout ce qui sépare selon le monde. Dans un chapitre consacré à l'androgynie divine chez les gnostiques, E. Pagels a mis en lumière les répercussions qu'a pu avoir sur le plan social cette conception de Dieu: dans plusieurs sectes, chez les Valentiniens par exemple, hommes et femmes remplissent des fonctions égales lors des cérémonies religieuses; les femmes enseignent, prophétisent, sont nommées diacres ou prêtres[90].

Dans plusieurs textes, cette unité androgynique, ou le retour de l'élément féminin à son élément mâle, est symbolisée par l'union de Marie et du Christ.

---

[86] Dans la *Pistis Sophia* (cf. supra, p. 23s et note 80), le Seigneur répond que celui dont le pneuma bouillonne, sans distinction de sexe, peut s'avancer pour parler.

[87] IRÉNÉE, *Adv. Haer.*, III, 12,12.

[88] ID., *Ibid.*, III, 2,2; III, 13,3; III, 12,7.

[89] Sur les différents aspects de l'androgynie divine ou de l'unité originelle retrouvée par la maîtrise des contraires et des inégalités, cf. EvPhil, p. 70,9-22 et EvTh, Logion 22, p. 37,24-35, trad. franc., p. 60 Ménard: «Jésus leur dit: "Lorsque vous ferez de deux un, ... et lorsque vous ferez du mâle et de la femme une seule chose, afin que le mâle ne soit pas mâle et que la femme ne soit pas femme, ... alors vous entrerez [dans le Royaume]"».

À l'inverse, dans l'ApocrJn (BG), p. 61,9-12, le Démiurge Ialdabaoth (le Dieu de l'A.T.), ayant fabriqué avec ses Puissances le corps matériel d'Adam et d'Ève, instaure une Loi opposée: «Il les maudit. Plus encore, il prétendit exiger de la femme que l'homme domine sur elle» sans connaître le secret de l'existence de l'Homme immortel.

[90] E. PAGELS, *op. cit.*, p. 59-60.

Dans la *Pistis Sophia* où elle est en quelque sorte le principal personnage avec Jésus, Marie-Madeleine est représentée comme *celle qui le cherche*, image qui se perpétuera d'ailleurs dans la tradition orthodoxe[91] : sur les 46 questions posées à Jésus par les disciples, 39 le sont par Marie et elle est celle dont le *pneuma* bouillonne sans cesse pour lui faire comprendre les paroles de Jésus[92].

Dans l'EvMar, l'amour que le Sauveur éprouve pour elle (18,14-15) pourrait également symboliser la réunion du *noûs* et du *pneuma* : Marie représenterait le *pneuma* — cet élément sauveur présent dans le monde depuis le commencement mais endormi ou passif jusqu'à ce que vienne le Sauveur — pneuma devenu intelligent, c'est-à-dire réveillé par le *noûs*[93].

Enfin, dans l'*Évangile selon Philippe* (EvPhil), la relation entre Marie et le Christ se manifeste de façon tout à fait expressive par les baisers que celui-ci donne à Marie[94] :

> Trois marchaient toujours avec le Seigneur.
> Marie sa mère et la sœur de celle-ci et
> Marie-Madeleine que l'on nomme sa compagne.
> Car Marie est sa sœur, sa mère et sa compagne[95].

À deux endroits du texte, Marie-Madeleine est mentionnée comme étant la compagne du Sauveur[96]. Elle est appelée aussi sœur et mère, termes qui ailleurs désignent la Sophia. Comme le souligne C. Trautmann dans un article sur «La parenté dans l'Évangile selon Philippe»[97] : «Nous savons que Sophia est stérile sans le Fils. Il y a donc une Sophia rendue féconde par le Fils, celle-ci est Marie-Madeleine qui, par le baiser, reçoit le *Logos* et peut engendrer».

[91] Cf. Hippolyte, *Commentaire sur le Cantique des Cantiques*, XXIV, 2-4 : Hippolyte établit un lien entre le Cantique et l'épisode du jardin de la résurrection.
[92] Cf. DialSauv, p. 139,12-13 : Marie-Madeleine fait partie des trois disciples choisis par le Sauveur pour recevoir des révélations spéciales.
[93] Cf. Commentaire sur 10,10-23.
[94] EvPhil, p. 63,34-37.
[95] EvPhil, p. 59,6-11, trad. franc., p. 62-63 Ménard.
[96] EvPhil, p. 63,30-34.
[97] C. Trautmann, «La parenté dans l'Évangile selon Philippe», p. 267-278.

TEXTE
ET
TRADUCTION

Éditions et Travaux

Till :   TILL (W.C.), *Die gnostischen Schriften des koptischen Papyrus Beroli-nensis* 8502 (*TU*, 60), Berlin, 1955, p. 62-79.

Till-Schenke :   TILL (W.C.), SCHENKE (H.-M.), *Die gnostischen Schriften des koptischen Papyrus Berolinensis* 8502 (*TU*, 60), Berlin, 1972, p. 62-79 et 338-339.

Wilson-MacRae :   WILSON (R. McL.), MACRAE (G. W.), «The Gospel according to Mary», in *Nag Hammadi Codices V,2-5 and VI with Papyrus Berolinensis 8502, 1 and 4*, Edited with English Translation, Introduction and Notes (*NHS*, 11), Leyde, 1979, p. 453-471.

Kapsomenos :   KAPSOMENOS (St. G.), «ΤΟ ΚΑΤΑ ΜΑΡΙΑΜ ΑΠΟΚΡΥΦΟΝ ΕΥΑΓ-ΓΕΛΙΟΝ (P. Ryl. III 463)», *Athena* 49 (1939) 177-186.

Roberts :   ROBERTS (C. H.), *Catalogue of the Greek and Latin Papyri in the John Rylands Library*, t. 3, Manchester, 1938, p. 18-23.

Sigles et abréviations de l'apparat critique

Le signe ℘ accompagnant un terme dans la traduction française indique que celui-ci est en grec dans le texte copte.

cod :   codex BG 8502
comm :   notre commentaire
pap :   papyrus
[   ] :   lettre restituée
⟨   ⟩ :   lettre ajoutée ou corrigée
{   } :   lettre supprimée
`   ´ :   addition du scribe au-dessus de la ligne
(   ) :   ajout pour rendre la traduction plus claire

L'état de conservation du texte est décrit dans l'apparat critique à l'aide des abréviations suivantes :

d :   (à) droite
extr :   extrémité
g :   (à) gauche
hor :   horizontal (e)
inf :   inférieur (e)
méd :   médian (e)
obl :   oblique
pt (s) :   point (s)
sup :   supérieur (e)
tv :   trait vocalique
vert :   vertical(e)

Remarques

Pour le fragment grec (Ryl. 463), nous avons adopté la transcription de St. G. Kapsomenos.

Notre transcription du texte copte diffère quelquefois de celle de W. C. Till et de H.-M. Schenke. Cela tient en partie, croyons-nous, au fait que nous nous appuyons sur des principes différents pour pointer les lettres endommagées.

Lettres pointées : non pas toutes les lettres détériorées, mais uniquement celles dont la lecture est matériellement incertaine, cf. J.-P. MAHÉ, *Hermès en Haute-Égypte*, t. I (*BCNH*, Section : «Textes», 3), Québec, 1978, p. 9.

Pour un relevé des signes et ornements ajoutés par le scribe dans l'EvMar, cf. H.-M. SCHENKE, «Bemerkungen zum koptischen Papyrus Berolinensis 8502», in *Festschrift zum 150 jährigen Bestehen des Berliner ägyptischen Museums*, 8, Berlin, 1974, p. 316-318.

TEXTE

(il manque les pages 1-6)

[z̄]

[.].[± 8]..ⲑ[ⲩ]ⲗⲏ ϭⲉ ⲛⲁ
ⲟⲩⲱ[ϭ]ⲡ ϫⲛ ⲙⲙⲟⲛ ⲡⲉϫⲉ ⲡⲥⲱⲣ ϫⲉ
ⲫⲩⲥⲓⲥ ⲛⲓⲙ ⲡⲗⲁⲥⲙⲁ ⲛⲓⲙ ⲕⲧⲓⲥⲓⲥ
ⲛⲓⲙ ⲉⲩϣⲟⲡ ϩⲛ ⲛⲉⲩⲉⲣⲏⲩ ⲙⲛ⳯
5　ⲙⲁⲩ ⲁⲩⲱ ⲟⲛ ⲉⲩⲛⲁⲃⲱⲗ ⲉⲃⲟⲗ ⲉ
ⲧⲟⲩⲛⲟⲩⲛⲉ ⲙⲙⲓⲛ ⲙⲙⲟⲟⲩ ϫⲉ ⲧⲉ
ⲫⲩⲥⲓⲥ ⲛⲑⲩⲗⲏ ⲉⲥⲃⲱⲗ ⲉⲃⲟⲗ ⲉⲛⲁ
ⲧⲉⲥⲫⲩⲥⲓⲥ ⲟⲩⲁⲁⲥ ⲡⲉⲧⲉ ⲟⲩⲛ ⲙⲁⲁ
ϫⲉ ⲙⲙⲟϥ ⲉⲥⲱⲧⲙ ⲙⲁⲣⲉϥⲥⲱⲧⲙ
10　ⲡⲉϫⲉ ⲡⲉⲧⲣⲟⲥ ⲛⲁϥ ϫⲉ ϩⲱⲥ ⲁⲕⲧⲁ
ⲙⲟⲛ ⲉϩⲱⲃ ⲛⲓⲙ ϫⲱ ⲙⲡⲓⲕⲉⲟⲩⲁ
ⲉⲣⲟⲛ ⲟⲩ ⲡⲉ ⲡⲛⲟⲃⲉ ⲙⲡⲕⲟⲥⲙⲟⲥ
ⲡⲉϫⲉ ⲡⲥⲱⲣ ϫⲉ ⲙⲛ ⲛⲟⲃⲉ ϣⲟⲡ ⲁⲗ
ⲗⲁ ⲛⲧⲱⲧⲛ ⲡⲉⲧⲣⲉ ⲙⲡⲛⲟⲃⲉ ⲉⲧⲉ
15　ⲧⲛⲉⲓⲣⲉ ⲛⲛⲉⲧⲛⲉ ⲛⲧⲫⲩⲥⲓⲥ ⲛⲧⲙⲛⲧ
ⲛⲟⲉⲓⲕ ⲉⲧ⟨ⲟⲩ⟩ⲙⲟⲩⲧⲉ ⲉⲣⲟⲥ ϫⲉ ⲡⲛⲟ
ⲃⲉ ⲉⲧⲃⲉ ⲡⲁⲓ ⲁϥⲉⲓ ⲛϭⲓ ⲡⲁⲅⲁⲑⲟ
ϩⲛ ⲧⲉⲧⲙⲙⲏⲧⲉ ϣⲁ ⲛⲁ ⲫⲩⲥⲓⲥ
ⲛⲓⲙ ⲉϥⲛⲁⲕⲁⲑⲓⲥⲧⲁ ⲙⲙⲟⲥ ⲉϩⲟⲩ
20　ⲉⲧⲉⲥⲛⲟⲩⲛⲉ ⲉⲧⲓ ⲁϥⲟⲩⲱϩ ⲉⲧⲟⲧϥ
ⲡⲉϫⲁϥ ϫⲉ ⲉⲧⲃⲉ ⲡⲁⲓ ⲧⲉⲧⲛϣⲱ
[ⲛ]ⲉ ⲁⲩⲱ ⲧⲉⲧⲙⲙⲟⲩ ϫⲉ ⲧ[.....]

1 (avant ⲑ) 2 traits extr inf g et d, celui de g avance vers celui de d sans le toucher (méd ou extr recourbée? 1 ou 2 lettres?): ⲙ ⲑ[ⲩ]ⲗⲏ Till-Schenke // ⲑ courbe inf // ⲗ extr inf de l'obl d — 2 ⲟⲩ[ⲱϭ]ⲡ Till-Schenke // ⲱ pts de courbe inf g // ⲡ vert d — 4-5 ⲛⲙⲙⲁⲩ Till-Schenke: ⲙⲛⲙⲙⲁⲩ cod — 7 ⲛ vert d et g et obl visibles, confusion possible avec un ⲙ seulement — 10 ⲁ moitié d — 11 ⲩ la vert — 12 ⲟ quelques traits suggèrent les 2/3 de la courbure, courbe inf g manque // ⲥ trace courbe g, quelques traits: courbe sup et inf — 14 ⲧ vert et traces hor d — 16 ⲉⲧ⟨ⲟⲩ⟩ⲙⲟⲩⲧⲉ (ou ⲉⲧⲉ⟨ϣⲁⲩ⟩ⲙⲟⲩⲧⲉ) Till-Schenke: ⲉⲧⲉⲙⲟⲩⲧⲉ cod // ⲟ quelques traits: courbe sup et inf, 2 pts d'encre non identifiables en bas à d du ⲟ — 17 ⲟ courbe inf d, pts de courbe sup — 19 ⲟ quelques traits: courbe sup et inf d, 2 pts un peu au-dessous du centre du ⲟ pourraient également faire partie de la courbe inf — 20 ⲧ pts de l'hor et de l'extr sup de la vert, déchirure au milieu de l'hor — 21-22 ϣⲱ[ⲛ]ⲉ Till-Schenke: ϣⲱ[ⲡ]ⲉ Till cf. Comm — 22 ⲧ[ⲉⲧⲛⲙⲉ] Till-Schenke

TRADUCTION

P. [7]

    [............] la [ma]tière^0 sera-t-elle donc
    [détruite] ou non?» Le Sauveur^0 dit :
    «Toutes natures^0, toutes créatures^0, toutes créations^0
    sont liées les unes aux autres
5   mais c'est dans leur propre racine
    qu'elles retourneront se dissoudre car
    ce n'est que dans (les racines) de sa nature^0 que se dissout
    la nature^0 de la matière^0. Que celui qui a des oreilles
    pour entendre, entende.»
10   Pierre lui dit : «Puisque^0 tu nous a expliqué
    toutes choses, dis-nous encore ceci :
    Qu'est-ce que le péché du monde^0?»
    Le Sauveur^0 dit : «Il n'y a pas de péché,
    mais^0 c'est vous qui faites exister le péché
15   lorsque vous agissez en conformité avec la nature^0 de l'adultère
    que l'on nomme «le péché».
    Voilà pourquoi le Bien^0 est venu
    au milieu de vous jusqu'aux (éléments) de toute nature^0
    pour la rétablir^0 dans
20   sa racine.» Il continua
    et dit encore^0 : «Voilà pourquoi vous êtes affai[blis]
    et vous mourez puisque v[ous..]

[Ⲏ̅]

ⲘⲠⲈⲦⲀⲢ̇ . ⲠⲀ̣[± 7 Ⲡ]Ⲉ̣Ⲧ̣[Ⲣ̅]
ⲚⲞⲒ̈ ⲘⲀⲢⲈϥⲢⲚⲞⲈⲒ [ⲀⲐ]Ⲩ̣Ⲗ̣Ⲏ̣ [ⲬⲠ]Ⲉ̣ ⲞⲨ
ⲠⲀⲐⲞⲤ ⲈⲘⲚ̅ⲦⲀϥ ⲘⲘⲀⲨ Ⲙ̅ⲠⲈⲒⲚⲈ
ⲈⲀϥⲈⲒ ⲈⲂⲞⲖ ϨⲚ ⲞⲨⲠⲀⲢⲀⲪⲨⲤⲒⲤ ⲦⲞ
5   ⲦⲈ ϢⲀⲢⲈⲞⲨⲦⲀⲢⲀⲬⲎ ϢⲰⲠⲈ ϨⲘ̅
ⲠⲤⲰⲘⲀ ⲦⲎⲢϥ ⲈⲦⲂⲈ ⲠⲀⲒ̈ ⲀⲒ̈ⲬⲞⲤ ⲚⲎ
ⲦⲚ̅ ⲬⲈ ϢⲰⲠⲈ ⲈⲦⲈⲦⲚ̅ⲦⲎⲦ Ⲛ̅ϨⲎⲦ
ⲀⲨⲰ ⲈⲦⲈⲦⲚ̅Ⲟ Ⲛ̅ⲚⲀⲦⲦⲰⲦ ⲈⲦⲈ
ⲦⲚ̅ⲦⲎⲦ ⲘⲈⲚ Ⲛ̅ⲚⲀϨⲢⲘ̅ ⲠⲒⲚⲈ ⲠⲒⲚⲈ
10 ⲚⲦⲈⲪⲨⲤⲒⲤ ⲠⲈⲦⲈ ⲞⲨⲚ ⲘⲀⲀⲬⲈ Ⲙ̅
ⲘⲞϥ ⲈⲤⲰⲦⲘ̅ ⲘⲀⲢⲈϥⲤⲰⲦⲘ̅ ⲚⲦⲀ
ⲢⲈϥⲬⲈ ⲚⲀⲒ̈ Ⲛ̅ϬⲒ ⲠⲘⲀⲔⲀⲢⲒⲞⲤ ⲀϥⲀⲤ
ⲠⲀⲌⲈ Ⲙ̅ⲘⲞⲞⲨ ⲦⲎⲢⲞⲨ ⲈϥⲬⲰ Ⲙ̅ⲘⲞ`Ⲥ'
ⲬⲈ ⲞⲨⲈⲒⲢⲎⲚⲎ ⲚⲎⲦⲚ̅ ⲦⲀⲈⲒⲢⲎⲚⲎ
15 ⲬⲠⲞⲤ ⲚⲎⲦⲚ̅ ⲀⲢⲈϨ Ⲙ̅Ⲡ̅ⲢⲦⲢⲈⲖⲀⲀⲨ Ⲣ̅
ⲠⲖⲀⲚⲀ Ⲙ̅ⲘⲰⲦⲚ̅ ⲈϥⲬⲰ Ⲙ̅ⲘⲞⲤ ⲬⲈ
ⲈⲒⲤ ϨⲎⲠⲈ Ⲙ̅ⲠⲈⲒ̈ⲤⲀ Ⲏ̣ ⲈⲒⲤ ϨⲎⲠⲈ Ⲙ̅
ⲠⲈⲈⲒⲘⲀ Ⲡϣ̣ⲎⲢⲈ ⲄⲀⲢ Ⲙ̅ⲠⲢⲰⲘⲈ Ⲉϥ
ϢⲞⲠ Ⲙ̅ⲠⲈⲦⲚ̅ϨⲞⲨⲚ ⲞⲨⲈϨⲦⲎⲨⲦⲚ̅
20 Ⲛ̅ⲤⲰϥ ⲚⲈⲦϢⲒⲚⲈ Ⲛ̅ⲤⲰϥ ⲤⲈⲚⲀ
ϬⲚ̅Ⲧϥ ⲂⲰⲔ ϬⲈ Ⲛ̅ⲦⲈⲦⲚ̅ⲦⲀϣⲈⲞⲈⲒϣ
Ⲙ̅ⲠⲈⲨⲀⲄⲄⲈⲖⲒⲞⲚ Ⲛ̅ⲦⲘⲚ̅ⲦⲈⲢⲞ Ⲙ̅Ⲡ̣Ⲣ̣

---

1 ⲘⲠⲈⲦⲀⲢ̇ . ⲠⲀ̣[± 7 Ⲡ]Ⲉ̣Ⲧ̣[Ⲣ]: ⲘⲠⲈⲦⲀⲢ[Ⲁ]Ⲡ̣Ⲁ̣[ⲦⲀ ⲘⲘⲰⲦⲚ ⲠⲈⲦⲢ] Till-Schenke // Ⲣ̣
trace infime vert au bord de la déchirure, trait hor g (partie du tv?) // . trace non
identifiée // ⲡ̣ extr inf g et d // Ⲁ̣ lettre très écrasée: lobe et obl inf d // Ⲉ̣ extr d de la méd,
2 pts extr sup et inf // Ⲧ̣ extr g hor — 2 Ⲩ extr inf // Ⲗ obl g et d, très imprécis // Ⲏ moitié inf
des vert g et d, amorce de la méd en bas à d // [Ⲭ] traces infimes en bas à g(?) // Ⲉ̣ pt extr inf
d, extr d de la méd, 3 pts de la courbe sup(?) — 5 Ϩ forme générale visible, partie sup peu
développée cependant; presque certain — 17 ⲏ̣ moitié inf des vert g et d, amorce de la méd
à g — 21 ϭ traits indiquant l'obl sup, la courbe inf g et la courbe sup // ϣ extr inf, pts aux
extr sup. Devant déchirure — 22 Ⲣ̣ lobe et tv, presque certain

P. [8]

de ce qui [.............. Que celui qui peut]
comprendre°, comprenne°. [La matière° a engendré] une
passion° qui ne possède pas l'Image
puisqu'elle est issue d'une (union) contre nature°.
5   Le trouble° naît alors° dans
le corps° tout entier. C'est pourquoi je vous ai dit :
Soyez obéissants
et à la fois désobéissants
pourvu que° vous soyez obéissants envers chaque Image
10 de la nature°. Que celui qui a des oreilles
pour entendre, entende. »
Après avoir dit cela, le Bienheureux°
les salua° tous, en disant :
«Paix° à vous. Que ma paix°
15 s'engendre en vous. Veillez à ce que personne
ne vous égare° en disant :
"Le voici" ou° "Le voilà"
car° c'est à l'intérieur de vous qu'est
le Fils de l'Homme. Suivez-le.
20 Ceux qui le chercheront,
le trouveront. Allez donc et proclamez
l'Évangile° du Royaume. N'

ⲕⲁ ⲗⲁⲩ ⲛ̄ϩⲟⲣⲟⲥ ⲉϩⲣⲁⲓ̈ ⲡⲁⲣⲁ ⲡⲉⲛ
ⲧⲁⲓ̈ⲧⲟϣϥ̄ ⲛⲏⲧⲛ̄ ⲟⲩⲇⲉ ⲙ̄ⲡⲣ̄ϯ ⲛⲟ
ⲙⲟⲥ ⲛ̄ⲑⲉ ⲙⲡⲛⲟⲙⲟⲑⲉⲧⲏⲥ ⲙⲏⲡⲟ
ⲧⲉ ⲛ̄ⲥⲉⲁⲙⲁϩⲧⲉ ⲙ̄ⲙⲱⲧⲛ̄ ⲛϩⲏⲧϥ
5 ⲛⲧⲁⲣⲉϥϫⲉ ⲛⲁⲓ̈ ⲁϥⲃⲱⲕ ⲛⲧⲟⲟⲩ ⲇⲉ
ⲛⲉⲩⲣⲗⲩⲡⲉⲓ ⲁⲩⲣⲓⲙⲉ ⲙ̄ⲡϣⲁ ⲉⲩ
ϫⲱ ⲙⲙⲟⲥ ϫⲉ ⲛⲛⲁϣ ⲛ̄ϩⲉ ⲉⲛⲛⲁⲃⲱⲕ
ϣⲁ ⲛϩⲉⲑⲛⲟⲥ ⲛ̄ⲧⲛ̄ⲧⲁϣⲉⲟⲉⲓϣ ⲛ̄
ⲡⲉⲩⲁⲅⲅⲉⲗⲓⲟⲛ ⲛⲧⲙⲛ̄ⲧⲉⲣⲟ ⲙⲡϣ`ⲏ´
10 ⲣⲉ ⲙⲡⲣⲱⲙⲉ ⲉϣϫⲉ ⲡⲉⲧⲙⲙⲁⲩ ⲙ̄
ⲡⲟⲩϯⲥⲟ ⲉⲣⲟϥ ⲛⲁϣ ⲛ̄ϩⲉ ⲁⲛⲟⲛ ⲉⲩ
ⲛⲁϯⲥⲟ ⲉⲣⲟⲛ ⲧⲟⲧⲉ ⲁⲙⲁⲣⲓϩⲁⲙ ⲧⲱ
ⲟⲩⲛ ⲁⲥⲁⲥⲡⲁϫⲉ ⲙⲙⲟⲟⲩ ⲧⲏⲣⲟⲩ
ⲡⲉϫⲁⲥ ⲛⲛⲉⲥ`ⲥ´ⲛⲏⲩ ϫⲉ ⲙⲡⲣ̄ⲣⲓⲙⲉ
15 ⲁⲩⲱ ⲙⲡⲣⲣⲗⲩⲡⲉⲓ ⲟⲩⲇⲉ ⲙⲡⲣⲣ ϩⲏⲧ
ⲥⲛⲁⲩ ⲧⲉϥⲭⲁⲣⲓⲥ ⲅⲁⲣ ⲛⲁϣⲱⲡⲉ
ⲛⲙⲙⲏⲧⲛ̄ ⲧⲏⲣ⟨ⲧ⟩ⲛ̄ ⲁⲩⲱ ⲛⲥⲣ̄ⲥⲕⲉⲡⲁ
ϫⲉ ⲙⲙⲱⲧⲛ ⲙⲁⲗⲗⲟⲛ ⲇⲉ ⲙⲁⲣⲛ̄
ⲥⲙⲟⲩ ⲉⲧⲉϥⲙⲛ̄ⲧⲛⲟϭ ϫⲉ ⲁϥⲥⲃ
20 ⲧⲱⲧⲛ̄ ⲁϥⲁⲁⲛ ⲛ̄ⲣⲱⲙⲉ ⲛⲧⲁⲣⲉⲙⲁ
ⲣⲓϩⲁⲙ ϫⲉ ⲛⲁⲓ̈ ⲁⲥⲕⲧⲉ ⲡⲉⲩϩⲏⲧ
[ⲉϩ]ⲟⲩⲛ ⲉⲡⲁⲅⲁⲑⲟⲛ ⲁⲩⲱ ⲁⲩⲣⲁⲣⲭⲉ
[ⲥⲑⲁⲓ] ⲛ̄ⲣⲅⲩⲙ[ⲛ]ⲁⲍⲉ ϩⲁ ⲡⲣⲁ ⲛⲛ̄ϣⲁ
[ϫ]ⲉ ⲙ̄ⲡ[ⲥⲱⲣ]

[ⲑ] pt au-dessus du numéro: peut-être le trait — 1-4 cf. 18, 19-21 — 2 ϯ hor d, trace infime hor g, pt de l'extr sup de la vert — 15 ⲏ vert g et d, moitié d de la méd. Confusion possible avec un ⲛ — 17 ⲛ lettre très déformée par une déchirure (au milieu de la page, à partir de la ligne 9): vert sup g et d, peut-être amorce de la méd au milieu de la vert d: ⲧⲏⲣ⟨ⲧ⟩ⲛ Till-Schenke: ⲧⲏⲣϥ Wilson-MacRae; cf. BG 124, 10 ⲧⲏⲩ⟨ⲧ⟩ⲛ et He, 13, 25; Ti, 3, 15; 2 Th, 3, 18 — 21 ⲣ courbe d du lobe, trait isolé: courbe sup du lobe — 22 ⲁ moitié sup de la lettre — 23 ⲛ vert sup g et d, trait méd // ⲡ angle sup g, pt extr d de l'hor, devant un trou. Amorce du trait d'abréviation au-dessus du ⲡ (effacé au centre puis se prolonge au-dessus du trou)

P. 9

    imposez aucune règle° hormis° celle
    que je vous ai fixée et ne donnez pas° de Loi°
    à la manière du Législateur° afin
    que jamais° vous ne soyez dominés par elle.»
5   Lorsqu'Il eut dit cela, Il partit. Eux cependant°
    étaient affligés°, ils pleurèrent abondamment
    se disant : «Comment irons-nous
    vers les Gentils° et comment proclamerons-nous
    l'Évangile° du Royaume du Fils
10 de l'Homme? Si Lui
    n'a pas été épargné, comment, nous,
    le serions-nous?» Alors° Marie se leva,
    elle les embrassa° tous
    et dit à ses frères : «Cessez de pleurer
15 et de vous affliger° et que votre cœur ne soit plus°
    partagé car° sa grâce° vous accompagnera
    tous et vous protégera°.
    Louons plutôt°
    sa grandeur car Il nous a préparés,
20 Il nous a faits Homme.» Par ces paroles,
    Marie convertit leur cœur
    au Bien° et ils se mirent°
    à argumenter° sur les paroles du [Sauveur°].

ī

ⲡⲉϫⲉ ⲡⲉⲧⲣⲟⲥ ⲙⲙⲁⲣⲓϩⲁⲙ ϫⲉ ⲧⲥⲱ
ⲛⲉ ⲧⲛ̄ⲥⲟⲟⲩⲛ ϫⲉ ⲛⲉⲣⲉⲡⲥⲱⲣ ⲟⲩⲁϣⲉ̣
ⲛϩⲟⲩⲟ ⲡⲁⲣⲁ ⲡⲕⲉⲥⲉⲉⲡⲉ ⲛ̄ϩⲓ̈ⲙⲉ
ϫⲱ ⲛⲁⲛ ⲛ̄ⲛ̄ϣⲁϫⲉ ⲙ̄ⲡⲥⲱⲣ ⲉⲧⲉⲉⲓⲣⲉ
5 ⲙⲡⲉⲩⲙⲉⲉⲩⲉ ⲛⲁⲓ̈ ⲉⲧⲉⲥⲟⲟⲩⲛ ⲙ̄ⲙⲟ
ⲟⲩ ⲛ̄ⲛⲁⲛⲟⲛ ⲁⲛ ⲟⲩⲇⲉ ⲙ̄ⲡⲛ̄ⲥⲟⲧⲙ`ⲟ´ⲩ
ⲁⲥⲟⲩⲱϣⲃ̄ ⲛ̄ϭⲓ ⲙⲁⲣⲓϩⲁⲙ ⲡⲉϫⲁⲥ
ϫⲉ ⲡⲉⲑⲏⲡ ⲉⲣⲱⲧⲛ̄ ϯⲛⲁⲧⲁⲙⲁ ⲧⲏⲩ
ⲧⲛ̄ ⲉⲣⲟϥ ⲁⲩⲱ ⲁⲥⲁⲣⲭⲉⲓ ⲛ̄ϫⲱ ⲛⲁⲩ
10 ⲛ̄ⲛⲉⲓ̈ϣⲁϫⲉ ϫⲉ ⲁⲓ̈ⲛⲟⲕ ⲡⲉϫⲁⲥ ⲁⲓ
ⲛⲁⲩ ⲉⲡϫ̄ⲥ ϩⲛ ⲟⲩϩⲟⲣⲟⲙⲁ ⲁⲩⲱ ⲁⲉⲓ
ϫⲟⲟⲥ ⲛⲁϥ ϫⲉ ⲡϫ̄ⲥ ⲁⲓ̈ⲛⲁⲩ ⲉⲣⲟⲕ ⲙ̄
ⲡⲟⲟⲩ ϩⲛ ⲟⲩϩⲟⲣⲟⲙⲁ ⲁϥⲟⲩⲱϣⲃ ⲡⲉ
ϫⲁϥ ⲛⲁⲓ̈ ϫⲉ ⲛⲁⲓ̈ⲁⲧⲉ ϫⲉ ⲛ̄ⲧⲉⲕⲓⲙ ⲁⲛ
15 ⲉⲣⲉⲛⲁⲩ ⲉⲣⲟⲉⲓ ⲡⲙⲁ ⲅⲁⲣ ⲉⲧⲉⲣⲉⲡⲛⲟⲩⲥ
ⲙ̄ⲙⲁⲩ ⲉϥⲙⲙⲁⲩ ⲛ̄ϭⲓ ⲡⲉϩⲟ ⲡⲉϫⲁⲓ̈
ⲛⲁϥ ϫⲉ ⲡϫ̄ⲥ ⲧⲉ̣ⲛ̣ⲟⲩ ⲡⲉⲧⲛⲁⲩ ⲉϥⲟ
ⲣⲟⲙⲁ ⲉϥⲛⲁⲩ ⲉⲣⲟϥ⟨ϩⲛ⟩ⲧⲉⲯⲩⲭⲏ ⟨ⲏ⟩
ⲡⲉⲡⲛ̄ⲁ ⲁϥⲟⲩⲱϣⲃ ⲛ̄ϭⲓ ⲡⲥⲱⲣ ⲡⲉ
20 ϫⲁϥ ϫⲉ ⲉϥⲛⲁⲩ ⲁⲛ ϩⲛ ⲧⲉⲯⲩⲭⲏ ⲟⲩ
ⲇⲉ ϩⲙ ⲡⲉⲡⲛ̄ⲁ ⲁⲗⲗⲁ ⲡⲛⲟⲩⲥ ⲉⲧϣ̣[ⲟⲡ]
ϩⲛ ⲧⲉⲩⲙⲏⲧⲉ ⲙ̄ⲡⲉⲩϭⲛⲁⲩ ⲛ̄ⲧⲟ̣[ϥ ⲡⲉⲧ]
ⲛⲁⲩ ⲉⲫⲟⲣⲟⲙⲁ ⲁⲩ[ⲱ] ⲛ̄ⲧⲟϥ ⲡ[ⲉⲧ ...]

(les pages 11-14 manquent)

---

2 ⲉ̣ toute la courbe — 10 ⲁⲛⲟⲕ Till-Schenke: ⲁⲓ̈ⲛⲟⲕ cod // ⲓ on ne voit pas de tréma au-dessus de cette dernière lettre — 17 ⲧ trait hor méd, extr hor g, trait vert hauteur méd et extr inf // ⲉ̣ courbe sup g manque, la méd (coupée en 2) touche le ⲛ̣ suivant. Presque certain // ⲛ déchirure au milieu: moitié sup des vert g et d, méd non reliée à la vert g // ⲡⲉⲧⲛⲁⲩ: un long trait noir hor traverse le ⲡ au niveau de l'hor — 18 ⲣ vert et amorce de la courbe inf du lobe // ⟨ϩⲛ⟩ⲧⲉⲯⲩⲭⲏ ⟨ⲏ⟩: ⲏ ⲧⲉⲯⲩⲭⲏ ϩⲙ cod cf. Comm : ⲏ très confus, lettre très large: moitié sup des vert g et d, amorce de la méd à l'extr sup de vert g, autre trait obl à partir de extr sup vert d en direction du ⲧ — 21 ϣ moitié g, extr sup d — 22 ϭ̣ courbe sup, extr d courbe inf, petite déchirure au milieu // ⲛ̣ angle sup g, extr inf g et d, trait indiquant soit: extr sup vert d, soit: extr hor g du ⲧ suivant // ⲟ̣ trace courbe sup g — 23 ⲡ̣ moitié g

P. 10

    Pierre dit à Marie : « Sœur,
nous savons que le Sauveur° te préférait
aux° autres femmes,
rapporte-nous les paroles du Sauveur° que tu as
5   en mémoire, celles que tu connais
mais nous pas et que nous n'avons pas° entendues. »
Marie répondit et dit :
« Ce qui vous est caché, je vais vous l'annoncer »,
et elle se mit° à leur tenir
10 ces propos : « Moi », dit-elle, « je vis
le Seigneur en vision° et je lui
dis : Seigneur, je t'ai vu
en ce jour en vision°. Il répondit et me
dit : Bienheureuse, toi qui ne te troubles pas
15 à ma vue car°, là où est le *noûs*°,
là est le trésor. (Alors) je lui dis :
Et maintenant Seigneur, celui qui perçoit la
vision°, est-ce ⟨au moyen⟩ de l'âme° ⟨ou°⟩ au moyen
du *pneuma*° qu'il la voit? Le Sauveur° répondit et
20 dit : ce n'est ni au moyen de l'âme° ni°
au moyen du *pneuma*° qu'il voit mais° le *noûs*° [étant]
entre les deux, c'est lu[i qui]
perçoit la vision° et c'est lui q[ui...]

                   (les pages 11-14 manquent)

ⲙⲙⲟϥ ⲁⲩⲱ ⲡⲉϫⲉ ⲧⲉⲡⲓⲑⲩⲙⲓⲁ
ϫⲉ ⲙ̄ⲡⲓⲛⲁⲩ ⲉⲣⲟ ⲉⲣⲉⲃⲏⲕ ⲉⲡⲓⲧⲛ̄
ⲧⲉⲛⲟⲩ ⲇⲉ ϯⲛⲁⲩ ⲉⲣⲟ ⲉⲣⲉⲃⲏⲕ ⲉ
ⲧⲡⲉ ⲡⲱⲥ ⲇⲉ ⲧⲉϫⲓ ⲃⲟⲗ ⲉⲣⲉⲏⲡ' ⲉ
5 ⲣⲟⲉⲓ ⲁⲥⲟⲩⲱϣⲃ̄ ⲛ̄ϭⲓ ⲧⲉⲯⲩⲭⲏ ⲡⲉ
ϫⲁⲥ ϫⲉ ⲁⲓ̈ⲛⲁⲩ ⲉⲣⲟ ⲙ̄ⲡⲉⲛⲁⲩ ⲉⲣⲟⲓ̈
ⲟⲩⲇⲉ ⲙⲡⲉⲉⲓⲙⲉ ⲉⲣⲟⲉⲓ ⲛⲉⲉⲓϣⲟ
ⲟⲡ ⲛⲉ ⲛ̄ϩⲃⲥⲱ ⲁⲩⲱ ⲙⲡⲉⲥⲟⲩⲱⲛⲧ
ⲛ̄ⲧⲁⲣⲉⲥϫⲉ ⲛⲁⲓ̈ ⲁⲥⲃⲱⲕ ⲉⲥⲧⲉⲗⲏⲗ
10 ⲛ̄ϩⲟⲩⲟ ⟩ ⲡⲁⲗⲓⲛ ⲁⲥⲉⲓ ⲉⲧⲛ̄ ⲧⲙⲉϩ
ϣⲟⲙⲛⲧⲉ ⲛ̄ⲛⲉϩⲟⲩⲥⲓⲁ ⲧⲉⲧⲟⲩⲙ̀ⲟ́ⲩ
ⲧⲉ ⲉⲣⲟⲥ ϫⲉ ⲧⲙⲛⲧⲁⲧⲥⲟⲟⲩⲛ [ⲁⲥ]ⲣ̣
ⲉϩⲉⲧⲁⲍⲉ ⲛ̄ⲧⲉⲯⲩⲭⲏ ⲉⲥϫ[ⲱ ⲙ]
ⲙⲟⲥ ϫⲉ ⲉⲣⲉⲃⲏⲕ ⲉⲧⲱⲛ ϩⲛ [ⲟ]ⲩ̣ⲡ̣ⲟ̣
15 ⲛ̣ⲏⲣⲓⲁ ⲁⲩⲁⲙⲁϩⲧⲉ ⲙ̄ⲙⲟ ⲁⲩ[ⲁ]ⲙ̣ⲁ̣ϩ
ⲧⲉ ⲇⲉ ⲙ̄ⲙⲟ ⲙ̄ⲡⲣ̄ⲕⲣⲓⲛⲉ ⲁⲩ[ⲱ] ⲡⲉ
ϫⲉ ⲧⲉⲯⲩⲭⲏ ϫⲉ ⲁϩⲣⲟ ⲉⲣⲉⲕⲣ̣ⲓ̣ⲛ̣ⲉ̣
ⲙⲙⲟⲓ̈ ⲉⲙⲡⲓⲕⲣⲓⲛⲉ ⲁⲩⲉⲙⲁϩⲧⲉ
ⲙ̄ⲙⲟⲓ̈ ⲉⲙⲡⲓⲁⲙⲁϩⲧⲉ ⲙⲡⲟⲩϛ̣ⲟ̣ⲩ
20 ⲱⲛⲧ ⲁⲛⲟⲕ ⲇⲉ ⲁⲓ̈ⲥⲟⲩⲱⲛⲟⲩ ⲉⲩ
ⲃⲱⲗ ⲉⲃⲟⲗ ⲙⲡⲧⲏⲣϥ ⲉⲓⲧⲉ ⲛⲁ ⲡ̣
ⲕ̣ⲁ̣ϩ̣

ⲓⲋ̣ moitié inf des 2 lettres — 12 ⲣ̣ moitié d du lobe et tⲩ (entre le dernier ⲛ de ⲧⲙⲛⲧⲁⲧⲥⲟⲟⲩⲛ et ⲣ : trou à partir de la ligne 12 jusqu'à la ligne 17 d'une largeur de 1 ou 2 lettres) — 14 ⲛ̣ vert g̣ // ⲩ vert // ⲡ̣ traces vert g et hor, pt de l'extr inf d // ⲟ̣ infime trace partie inf g de la courbe — 15 ⲛ̣ vert g et d, partie courbe méd obliquant vers le bas à partir de l'extr inf d // ⲩ moitié sup de l'obl g // ⲙ̣ ensemble de pts : extr sup vert g, vert d hauteur méd et au milieu de la méd // ⲁ̣ pts le long de la base et pt extr sup // ϩ̣ pts disséminés, très confus — 16 ⲩ vert — 17 ⲣ̣ moitié d de la courbe sup du lobe // ⲓ̣ partie de la vert hauteur méd // ⲛ̣ pts infimes le long des vert g d, peut-être amorce de la méd à l'extr sup g // ⲉ̣ 2 pts de courbe g hauteur méd, extr sup et inf d, pts de la méd — 19 ϛ̣ trace courbe inf g // ⲟ̣ partie centrale courbe d, pt de courbe g haut méd // ⲩ vert, obl g, amorce de l'obl d ; presque certain — 21 ⲡ̣ traces de la vert g et de l'angle sup d // ⲕ̣ⲁ̣ϩ̣ très effacé : ⲕ̣ pts extr sup g d // ⲁ̣ 2 traits disjoints : partie obl d hauteur méd et pt de courbe inf g // ϩ̣ traces représentant très vaguement la forme générale d'un ϩ

P. 15

    lui et le Désir° parla :
    «Je ne t'ai pas vue descendre
    et° pourtant je te vois monter.
    Or° comment° peux-tu (me) tromper puisque tu
5   m'appartiens?» L'âme° répondit et dit :
    «Moi je t'ai vu (mais) tu ne m'as pas vue
    et tu ne m'as pas° reconnue. J'étais
    à toi, pour ce qui est du vêtement et tu ne m'as pas connue.»
    Ayant dit cela, elle s'en alla toute réjouie
10 et de nouveau° elle tomba aux mains
    de la troisième Puissance°, celle que l'on nomme
    l'Ignorance. [Elle]
    interrogea° l'âme° lui demandant :
    «Où vas-tu? Par un mauvais penchant°
15 n'as-tu pas été dominée? Mais oui°, tu as été dominée.
    Ne t'érige pas en juge°.» Alors
    l'âme° dit : «Pourquoi me juges°-tu,
    moi qui n'ai pas jugé°? On m'a dominée,
    moi qui n'ai pas dominé. On ne m'a pas reconnue,
20 mais° moi j'ai reconnu que
    le Tout doit se dissoudre, aussi bien° les choses
                                    terrestres

ⲉⲓⲧⲉ ⲛⲁ ⲧⲡ[ⲉ] ⲛ̇ⲧⲉⲣⲉⲧⲉⲯⲩⲭⲏ ⲟⲩ
ⲱⲥϥ̄ ⲛ̄ⲧⲙⲉϩϣⲟⲙⲛⲧⲉ ⲛ̄ⲛⲉϩⲟⲩⲥⲓ
ⲁ ⲁⲥⲃⲱⲕ ⲉⲡⲥⲁ ⲛⲧⲡⲉ ⲁⲅⲱ ⲁⲥⲛⲁⲩ
ⲉⲧⲙⲁϩϥⲧⲟⲉ ⲛ̄ⲛⲉϩⲟⲩⲥⲓⲁ ⲁⲥⲣ ⲥⲁ
5 ϣϥⲉ ⲛⲙ̄ⲙⲟⲣⲫⲏ ⲧϣⲟⲣⲡ ⲙ̄ⲙⲟⲣ
ⲫⲏ ⲡⲉ ⲡⲕⲁⲕⲉ ⲧⲙⲉϩⲥⲛ̄ⲧⲉ ⲧⲉⲡⲓ
ⲑⲩⲙⲓⲁ ⲧⲙⲉϩϣⲟⲙⲛⲧⲉ ⲧⲙⲛ̄ⲧⲁⲧ
ⲥⲟⲟⲩⲛ ⲧⲙⲉϩϥⲧⲟⲉ ⲡⲉ ⲡⲕⲱϩ ⲙ̄ⲡ
ⲙⲟⲩ ⲧⲙⲉϩϯ̇ⲧⲉ ⲧⲉ ⲧⲙⲛ̄ⲧⲉⲣⲟ ⲛ̄ⲧⲥⲁⲣϩ
10 ⲧⲙⲉϩⲥⲟⲉ ⲧⲉ ⲧⲙⲛ̄ⲧⲥⲁⲃⲏ ⲛⲥⲉⲃⲏ
ⲛ̄ⲥⲁⲣϩ ⲧⲙⲉϩⲥⲁϣϥⲉ ⲧⲉ ⲧⲥⲟⲫⲓ
ⲁ [ⲛ̄]ⲣⲉϥⲛⲟⲩϭⲥ ⲛⲁⲓ ⲛⲉ ⲧⲥⲁϣϥⲉ ⲛ̄
ⲛ̇ⲉ[ϩ]ⲟⲩⲥⲓⲁ ⲛⲧⲉ ⲧⲟⲣⲅⲏ ⲉⲩϣⲓⲛⲉ
ⲛ̄ⲧⲉⲯⲩⲭⲏ ϫⲉ ⲉⲣⲉⲛⲏⲩ ϫⲓⲛ ⲧⲱⲛ
15 ⲧ̇ϩⲁⲧ̄ⲃⲣⲱⲙⲉ ⲏ ⲉⲣⲉⲃⲏⲕ ⲉⲧⲱⲛ
ⲧⲟⲩ̇ϩⲁϥⲙⲁ ⲁⲥⲟⲩⲱϣⲃ̄ ⲛ̄ϭⲓ ⲧⲉ
ⲯⲩⲭⲏ ⲡⲉϫⲁⲥ ϫⲉ ⲡⲉⲧⲉⲙⲁϩⲧⲉ ⲙ̄
ⲙⲟⲓ̈ ⲁⲩⲕⲟⲛⲥ̄ϥ ⲁⲅⲱ ⲡⲉⲧⲕⲧⲟ ⲙ̄
ⲙⲟⲓ̈ ⲁⲩⲟⲅⲟⲥϥ ⲁⲅⲱ ⲧⲁⲉⲡⲓⲑⲩⲙⲓⲁ
20 ⲁⲥϫⲱⲕ ⲉⲃⲟⲗ ⲁⲅⲱ ⲧⲙⲛ̄ⲧⲁⲧⲥⲟⲟ̄ⲩ
ⲁⲥⲙⲟⲩ `ϩⲛ̇́ ⲟⲩ̣ⲕ̣ⲟ̣ⲥⲙⲟⲥ ⲛ̄ⲧⲁⲩⲃⲟⲗⲧ̇ ⲉ

---

1 ɴ̣ vert d et probablement tv à g du numéro ⲋ — 5 ⲙⲙⲟⲣⲫⲏ Till-Schenke: ⲛⲙⲙⲟⲣⲫⲏ
cod — 12 ⲣ les 2/3 du lobe (courbe inf g manque) — 13 ⲛ̣ⲉ[ϩ]ⲟⲩⲥⲓⲁ: ⲙ̣ⲉ[ⲧ]ⲟ̣ⲩⲥⲓⲁ Till-
Schenke // ɴ̣ vert d // ⲉ̣ courbe g — 14 ⲯ partie aile d — 15 ⲧ̣ 2 pts hor g — 16 ⲁ̣ extr inf
obl d — 19 ⲁⲅⲟⲅⲟⲥϥ: lire ⲁⲅⲟⲅⲟⲥϥ̄ϥ̄ — 21 ọ les 2/3 de la lettre subsistent: la courbe d
manque (déchirure au milieu de la lettre) // ⲩ moitié sup obl g d // ⲕ̣ pt sup g et moitié d obl
sup // ọ courbe sup // ç̣ courbe sup // ⲙ̣ pt sup d

P. 16

que ° les choses célestes. » L'âme °
ayant rendu inoffensive la troisième Puissance °
continua à monter et elle aperçut
la quatrième Puissance ° : elle avait
5   sept formes °. La première forme °
est la Ténèbre. La deuxième, le Désir °.
La troisième, l'Ignorance.
La quatrième est la Jalousie de la Mort.
La cinquième est la Royauté de la Chair °.
10 La sixième est la folle Sagesse
charnelle °. La septième est la Sophia °
coléreuse. Telles sont les sept
[Puiss]ances ° de la Colère ° qui pressent
l'âme ° de questions : « D'où viens-tu
15 homicide ou alors ° où vas-tu
toi qui maîtrises le lieu ? » L'âme ° répondit
et dit : « Celui qui me dominait
a été frappé à mort et celui qui m'encerclait
a été maîtrisé et alors mon désir °
20 s'apaisa tandis que mourut mon
ignorance. Dans un monde °, j'ai été délivrée

ΒΟΛ 2ΝΝ ΟΥΚΟСΜΟС [ΑΥ]ω 2Ν ΟΥ
ΤΥΠΟС ΕΒΟΛ 2Ν ΟΥΤΥΠΟС ΕΤΜ̄
ΠСΑ ΝΤΠΕ ΑΥω ΤΜΡ̄ΡΕ ΝΤΒ̄ωϢΕ ΕΤ
ϢΟΟΠ ΠΡΟС ΟΥΟΪω ϪΙΝ Μ̄ΠΙΝΑΥ
5 ΕΕΙΝΑϪΙ ΝΤΑΝΑΠΑΥСΙС ΜΠΕ
ΧΡΟΝΟС ΜΠΚΑΙΡΟС ΜΠ`ΑΙ´ωΝ 2Ν̄
ΝΟΥΚΑΡωϤ ΝΤΕΡΕΜΑΡΙ2ΑΜ ϪΕ
ΝΑϊ ΑСΚΑ ΡωС 2ωСΤΕ Ν̄ΤΑΠ̄Сω̄Ρ
ϢΑϪΕ ΝΜ̄ΜΑС ϢΑ ΠΕΕΙΜΑ
10 ΑϤΟΥωϢΒ̄ ΔΕ Ν̄ϬΙ ΑΝΔΡΕΑС ΠΕϪΑϤ
Ν̄ΝΕСΝΗΥ ϪΕ ΑϪΙ ΠΕΤΕΤΝ̄Ϫω
ΜΜΟϤ 2Α ΠΡΑ Ν̄ΝΕΝΤΑСϪ[Ο]ΟΥ
ΑΝΟΚ ΜΕΝ ϯΡ̄ΠΙСΤΕΥΕ ΑΝ ϪΕ
ΑΠС̄ω̄Ρ ϪΕ ΝΑϊ ΕωϪΕ ΝΙСΒΟΟΥ
15 Ε ΓΑΡ 2Ν̄ΚΕΜΕΕΥΕ ΝΕ ΑϤΟΥω
ϢΒ̄ Ν̄ϬΙ ΠΕΤΡΟС ΠΕϪΑϤ 2Α ΠΡΑ
ΝΝΕΕΙ2ΒΗΥΕ ΝΤΕΕΙΜΙΝΕ ΑϤ
ϪΝΟΥΟΥ ΕΤΒΕ Π̄Сω̄Ρ ϪΕ ΜΗΤΙ
ΑϤϢΑϪΕ ΜΝ ΟΥС2ΪΜΕ ΝϪΙΟΥΕ
20 ΕΡΟΝ 2Ν ΟΥωΝ2 ΕΒΟΛ ΑΝ ΕΝΝΑ
ΚΤΟΝ 2ωωΝ Ν̄Τ̄Ν̄Сωτ̄Μ ΤΗΡ̄Ν
ΝСωС Ν̄Τ⟨Α⟩ϤСΟΤΠС Ν2ΟΥΟ ΕΡΟΝ

13 ϫ trou dans le pap le cache presque entièrement: trace extr inf d — 18 ι extr inf, très
effacé — 20 2Ν ΟΥωΝ2: lire 2Ν ΟΥΟΥωΝ2 // ν̣ traces vert d et méd, pt inf g // ạ traces
obl d, plusieurs pts disséminés le long du lobe —21 ɥ la méd, partie vert g et d hauteur
méd //ρ courbe inf et partie de courbe sup du lobe, infime trace vert hauteur méd —
22 ΝΤ⟨Α⟩Ϥ Till-Schenke: ΝΤΟϤ cod // p̣ courbe inf du lobe, 2 traits vert sup et inf

(Ryl. 463: p. 21, 1-17)
(κα) τὸ λοιπὸν δρόμου και[ρο]ῦ χρόνου / αἰῶνος ἀνάπαυσιν ἐ[ν] σιγῇ · Ταῦ/τ[α] εἰποῦσα ἡ
Μαριάμμη ἐσιώπη/σε[ν] ὡς τοῦ Σωτῆρος μέχρι ὧδε / (5) εἰρηκότος. Ἀνδρέας λέγε[ι ·
ἀ]δελ/φοί, τί ὑμεῖν δοκεῖ πε[ρ]ὶ τῶν {πε/ρὶ τῶν} λαληθέντων; ἐγὼ μὲν/ γὰρ οὐ πιστεύω
ταῦτα ⟨τ⟩[ὸ]ν Σ[ω]/τῆρα εἰρηκέναι · ἐδόκει γ[ὰρ ἔτε]/ (10) ρογνωμονεῖν τῇ ἐκ[ε]ίν[ου
δια]/νοίᾳ. ⟨Πέτρος λέγει ·⟩ περὶ τοιούτ[ω]ν πρα[γμά]/των ἐξεταζόμενος ὁ Σω[τὴρ
μήτι]/ λάθρα γυν[α]ικὶ ἐλάλει καὶ ⟨οὐ⟩ φ[α]/νερῶς, ἵνα πάντες ἀκούσω[μεν;]/ (15) [μὴ
ἀ]ξιολογωτέραν ἡ[μ]ῶν [αὐτὴν]/[ἀποδεῖξαι ἤθ]ε]λε; ....]/ [   ].

P. 17

grâce à un monde° et dans une
Image°, grâce à une Image°
supérieure. Or, ce sont les liens de l'oubli
qui sont provisoires°. Désormais
5 j'obtiendrai le repos°
hors du moment° du temps° de l'Éon°,
en Silence.» Après qu'elle eut dit cela, Marie
garda le silence : c'est ainsi que° le Sauveur°
s'était entretenu avec elle jusque-là.
10 Or°, André prit la parole et dit
à (ses) frères : «Dites, que pensez-vous
de ce qu'elle vient d'affirmer?
Pour ma part°, je ne crois° pas que
le Sauveur° ait dit cela. Car°, semble-t-il,
15 ces enseignements diffèrent par la pensée.»
Pierre prit la parole et discutant de
questions du même ordre, il
les interrogea sur le Sauveur° : «Est-il possible
qu°'Il se soit entretenu avec une femme en secret — à
20 notre insu — et non ouvertement si bien que
nous devrions nous, former un cercle et tous l'écouter?
Il l'aurait choisie, de préférence à nous?»

Ryl. 463 : P. 21,1-17
désormais, (j'obtiendrai) le repos, hors de la course du moment du temps de l'Éon, en
Silence». Après qu'elle eut dit cela, Marie garda le silence, car le Sauveur avait parlé
jusqu'à ce point. (5) André prit la parole : «Frères, que pensez-vous de ce qui vient
d'être raconté? Car, pour ma part, je ne crois pas que le Sauveur ait dit ces choses.
À ce qu'il semble, en effet, elles ne (10) sont pas conformes à sa pensée». ⟨Pierre
dit⟩ : «Lorsque le Sauveur était interrogé sur des sujets du même ordre, lui arrivait-il
de parler·avec une femme, en secret et ⟨non⟩ ouvertement, pour que tous nous
puissions écouter? (15) Aurait-il (voulu la rendre) plus digne que nous (?) ...».

8 ταῦτ᾽α´ ⟨τ⟩[ὸ]ν Kapsomenos: ταυτ[[ε]]᾽α´ σ[ο]ν pap — 10-11 δια]νοίᾳ Kapsomenos:
ἐν]νοίᾳ Roberts — 11 ⟨Πέτρος λέγει⟩ Kapsomenos — 12 σω[τήρ Roberts // μήτι]
Kapsomenos — 14 ἀκούσω[μεν;] Kapsomenos: ἀκούσα[ιμεν] Roberts — 15-16 [μὴ
ἀ]ξιολογωτέραν ἡ[μ]ῶν [αὐτήν] Kapsomenos: [τι ἀ]ξιολογώτερον ᾳ[.]ῳγ [...] Roberts —
16 [ἀποδεῖξαι ἤθ]ε[λε ;] Kapsomenos: [   ]. [   ] pap

‾ΙΗ

ΤΟΤΕ ⲁ[Μ]ⲁⲣⲓϨⲀⲘ ⲢⲒⲘⲈ ⲠⲈⲬⲀⲤ ‾Μ
ⲠⲈⲦⲢⲞⲤ ⟨ⲬⲈ⟩ ⲠⲀⲤⲞⲚ ⲠⲈⲦⲢⲈ ϨⲒ̈Ⲉ ⲈⲔ
ⲘⲈⲈⲨⲈ ⲈⲞⲨ ⲈⲔⲘⲈⲈⲨⲈ ⲬⲈ ‾ⲚⲦⲀⲒ̈
ⲘⲈⲈⲨⲈ ⲈⲢⲞⲞⲨ ⲘⲀⲨⲀⲀⲦ Ϩ‾Μ ⲠⲀ
5 ϨⲎⲦ Η ⲈⲈⲒⲬⲒ ⳂⲞⲖ Ⲉ‾ⲠⲤⲰⲢ ⲀϤⲞⲨ
ⲰϢ‾Ⲃ ‾ⲚϬⲒ ⲖⲈⲄⲈⲒ ⲠⲈⲬⲀϤ ⲘⲠⲈⲦⲢⲞ`Ⲥ´
ⲬⲈ ⲠⲈⲦⲢⲈ ⲬⲒⲚ ⲈⲚⲈϨ Ⲕ̄ϢⲞⲠ ‾ⲚⲢⲈϤ
ⲚⲞⲨⳂⲤ ϯⲚⲀⲨ ⲈⲢⲞⲔ ⲦⲈⲚⲞⲨ ⲈⲔ‾Ⲣ
ⲄⲨⲘⲚⲀⲌⲈ ⲈϨⲚ ⲦⲈⲤϨⲒ̈ⲘⲈ ‾ⲚⲐⲈ ‾Ⲛ
10 ⲚⲒⲀⲚⲦⲒⲔⲈⲒⲘⲈⲚⲞⲤ ⲈϢⲬⲈ ⲀⲠ
ⲤⲰⲦⲎⲢ ⲆⲈ ⲀⲀⲤ ‾ⲚⲀⳄⲒⲞⲤ ‾ⲚⲦⲔ ⲚⲒⲘ
ⲆⲈ ϨⲰⲰⲔ ⲈⲚⲞⲬⲤ ⲈⳂⲞⲖ ⲠⲀⲚⲦⲰ`Ⲥ´
ⲈⲢⲈⲠⲤⲰⲦⲎⲢ ⲤⲞⲞⲨⲚ ‾ⲘⲘⲞⲤ ⲀⲤ‾
ⲪⲀⲖⲰⲤ ⲈⲦⲂⲈ ⲠⲀⲒ̈ ⲀϤⲞⲨⲞϢ‾Ⲥ ‾ⲚϨⲞⲨ
15 Ⲟ ⲈⲢⲞⲚ ⲘⲀⲖⲖⲞⲚ ⲘⲀⲢ‾ⲚϢⲒⲠⲈ ‾ⲚⲦ‾Ⲛ
ϯ ϨⲒ̈ⲰⲰⲚ ⲘⲠⲢⲰⲘⲈ ⲚⲦⲈⲖⲒⲞⲤ
‾ⲚⲦ‾ⲚⲬⲠⲞϤ ⲚⲀⲚ ⲔⲀⲦⲀ ⲐⲈ ‾ⲚⲦⲀϤ
ϨⲰⲚ ⲈⲦⲞⲞⲦ‾Ⲛ ‾ⲚⲦ‾ⲚⲦⲀϢⲈⲞⲈⲒϢ
ⲘⲠⲈⲨⲀⲄⲄⲈⲖⲒⲞⲚ ⲈⲚⲔⲰ ⲀⲚ ⲈϨⲢⲀⲒ̈
20 ‾ⲚⲔⲈϨⲞⲢⲞⲤ ⲞⲨⲆⲈ ⲔⲈⲚⲞⲘⲞⲤ ⲠⲀ
ⲢⲀ ⲠⲈⲚⲦⲀ‾ⲠⲤⲰⲢ ⲬⲞⲞϤ ‾ⲚⲦⲈⲢⲈ

1 ⲁ coin inf g — 2 ⲡⲉⲧⲣⲟⲥ ⟨ⲭⲉ⟩ Till-Schenke: ⲡⲉⲧⲣⲟⲥ cod — 12 ⲉ̣ courbe sup et sup
g — 13 ⲣ moitié inf de la vert — 17 ⲛⲧⲛⲭⲡⲟϥ ⲛ̣ⲁ̣ⲛ̣: ⲛ̣ⲧⲛⲁⲡⲟⲭⲱⲣ̣ⲓ̣ Till-Schenke, toute
la ligne est très effacée: ⲛ̣ vert g d, départ de la méd au milieu de la vert g // ⲛ̣ la méd, extr
sup g d et partie du tv // ⲟ̣ traces courbe sup et inf // ϥ très embrouillée: courbe g, peut-être
trace de vert partie sup? // ⲛ̣ 3 traits pourraient représenter vert d, départ de la méd au
milieu de cette vert, quelques pts ténus à g (vert g?) // ⲁ̣ la boucle et extr sup // ⲛ̣ moitié sup
(avec la méd) et extr inf de vert g // ⲕ̣ⲁ̣ⲧ̣ⲁ̣ ⲑ̣ⲉ̣ ⲛ̣ⲧⲁϥ: ⲕ̣ plusieurs traits indiquent la vert g
ainsi que l'obl sup et inf d, lettre très effacée cependant // ⲁ̣ partie sup et extr inf de l'obl d,
pt du coin inf g // ⲧ̣ presque toute l'hor, amorce de vert en haut // ⲑ̣ les 2/3 de la lettre:
courbe d manque seulement // ⲧ̣ difficilement identifiable: quelques pts de l'hor, infime
partie de la vert hauteur méd — 20 ⲥ̣ courbe g, moitié d de courbe sup, déchirure au
milieu — 17-21 cf. 8, 21 - 9, 4

(Ryl. 463: p. 22, 18-31)
(κβ) τοῦ Σωτῆρος; Λευε[ὶ]ς λέγει Πέτρῳ · / Πέτρε, ἀ[εὶ] σο[ι] τὸ ὀργίλον παράκει/(20)ται ·
καὶ ἄρτι οὕτως συνζητεῖ[ς] τῇ/ γυναικὶ ὡς ἀντικείμενος αὐτῇ./ εἰ ὁ Σωτὴ[ρ] ἀξίαν
αὐτὴν ἡγήσατο,/ σὺ τίς εἶ ἐξουθενῶν αὐτήν; πάν/τως γὰρ ἐκεῖνος εἰδὼς αὐτὴν
ἀσ/(25)φ[αλ]ῶ̃[ς] ἠγάπησεν· μᾶλλ[ο]ν αἰσχυ(ν)/θῶ̃[με]ν καὶ ἐνδυσάμενο[ι] τὸν/
τ[έλειο]ν ἄν(θρωπ)ον ἐκεῖνο τὸ προστα⟨χ⟩/θὲν ἡ]μεῖν π[ο]ιήσωμεν · κηρύξω/μ[εν τὸ]
εὐαγγ[έ]λιον μηδὲν ὁ[ρ]ίζον/(30)τ[ες μ]ηδὲ νομοθετ[ο]ῦντες ⟨ἢ⟩ ὡς εἶ/π[εν ὁ] Σωτήρ.

P. 18

Alors⁰ Marie se mit à pleurer. Elle dit
à Pierre : «Pierre, mon frère, que vas-tu donc
penser? Crois-tu que c'est
toute seule dans mon cœur que j'ai eu ces pensées
5 ou⁰ qu'à propos du Sauveur⁰, je mente?»
Lévi prit la parole et dit à Pierre :
«Pierre, depuis toujours tu es un tempérament
bouillant, je te vois maintenant
argumenter⁰ contre la femme comme un
10 adversaire⁰. Pourtant⁰, si
le Sauveur⁰ l'a rendue digne⁰, qui es-tu (δέ⁰)
toi pour la rejeter? Sans aucun doute⁰,
c'est de manière indéfectible⁰ que le Sauveur⁰
la connaît. C'est pourquoi Il l'a aimée plus
15 que nous. Ayons plutôt⁰ honte
et revêtons-nous de l'Homme parfait⁰,
engendrons-le en nous comme⁰ Il nous
l'a ordonné et proclamons
l'Évangile⁰ en n'imposant
20 d'autre règle⁰ ni⁰ d'autre Loi⁰
que⁰ celle qu'a prescrite le Sauveur⁰». [Or⁰], après que

Ryl. 463 : P. 22, 18-31

(ou que je mens à propos)
(18) du Sauveur?» Lévi dit à Pierre: «Pierre, tu es toujours enclin à la colère; (20) ainsi,
maintenant, tu discutes avec la femme comme si tu étais son adversaire. Si le Sauveur l'a
jugée digne, qui es-tu pour la mépriser? Car, sans aucun doute, c'est parce que celui-là la
connaissait de manière in- (25) défectible qu'il l'a aimée. Ayons plutôt honte et, nous étant
revêtus de l'Homme parfait, accomplissons ce qui nous a été commandé; proclamons
l'Évangile sans fixer de règles (30) ni légiférer ⟨sinon⟩ ainsi que l'a dit le Sauveur».

25 αἰσχυ(ν) Roberts: αἰσχυ pap — 27 ἄν(θρωπ)ον: a̅ν̅ο̅ν̅ pap — 28-29 κηρύξωμ[εν
Kapsomenos: κηρύσ{ε}σ[ειν Roberts — 30 ⟨ἤ⟩ Kapsomenos.

[ī] θ

[λε]γ[ει δε ϫε ν]ⲁϊ ⲁⲅⲱ ⲁⲅⲣ̄ⲁⲣⲭⲉⲓ ⲛ̄
ⲃⲱⲕ [ⲉⲧⲣⲉⲩⲧ]ⲁⲙⲟ ⲛ̄ⲥⲉⲧⲁϣⲉⲟⲉⲓϣ
ⲡ[ⲉ]ⲅⲅⲁⲅⲅⲉⲗⲓⲟⲛ

‿ⲕⲁⲧⲁ‿

ⲙⲁⲣⲓϩⲁⲙⲙ

θ courbe sup d, partie courbe inf, trait manque — 1 [λε]γ[ει δε ϫε ν]ⲁϊ : [ⲗⲉⲅⲉⲓ ⲇⲉ
ϫⲉ ⲛ]ⲁ̣ị Till-Schenke : [± 8]ⲁ̣ï Wilson-MacRae // γ pt extr inf // ⲁ̣ moitié inf obl d et
coin inf d — 3 ⲡ partie vert g // γ partie méd de la vert, trace obl d — 5 ⲁ̣ coin inf g, extr
inf obl d

(Ryl. 463 : p. 22, 31-33)

[ταῦ]τα εἰπὼν ὁ Λευ/[εὶς μὲ]ν ἀπ[ελθὼν] ἦρχεν κη[ρύσ/σειν τὸ εὐαγγέλι]ον [κατὰ
Μαριάμ].

P. 19

[Lévi eut prononcé ces mo]ts, ils se mirent°
en route [pour an]noncer et prêcher.

L'Évangile°

selon°

Marie

5

Ryl. 463: P. 22, 31-33
Lorsqu'il eut prononcé c[es mots,] Lé[vi] s'é[loigna] et se mit à pr[êcher. L'Évang]ile [selon
Marie.]

COMMENTAIRE

LA RÉVÉLATION DU SAUVEUR
(p. 7,1 - 9,5)

L'enseignement sur les trois natures (p. 7,1 - 8,11)

Le discours de révélation du Sauveur a été analysé dans un article présenté au Colloque international sur les Textes de Nag Hammadi, en août 1978 à Québec [1]. Nous en reprendrons ici certains passages. Bien que le fragment qui nous est conservé ne puisse pas être étudié comme un tout fermé sur lui-même puisqu'il ne représente vraisemblablement que la fin du discours du Sauveur, il constitue cependant un ensemble cohérent. Malgré son caractère ésotérique, nous tenterons donc d'en donner une interprétation et nous formulerons des hypothèses en fonction de la cohérence que nous croyons y discerner.

Du point de vue littéraire, cette unité est marquée par la répétition du mot *nature* (φύσις), répétition qui indique l'intention de l'auteur de mieux faire ressortir une doctrine d'ensemble ainsi que les différences qui existent entre les natures : le Sauveur fait ici aux disciples la description de trois natures particulières. De plus, l'auteur semble tirer parti des divers sens que peut prendre le mot φύσις et présenter sa doctrine à deux niveaux principaux d'interprétation. L'enseignement du Sauveur est en effet transmis sous la forme d'une cosmologie (mélange et dissolution des éléments de nature matérielle dans leurs racines, etc.) dans laquelle cependant est introduite une doctrine morale, basée aussi sur la notion de nature (le péché imputé aux disciples, le thème de l'adultère, etc.).

Dans la doctrine cosmologique, le mot *nature* nous semble prendre le sens assez général d'entité mais aussi de «manière d'être» ou d'état. Trois natures sont ainsi distinguées : l'une appartient à la matière (*la nature de la matière*), l'autre est qualifiée d'adultère (*la nature de l'adultère*), la troisième est simplement nommée «*la nature*» [2].

---

[1] Cf. A. PASQUIER, «L'eschatologie dans l'Évangile selon Marie : étude des notions de nature et d'image», in *Colloque international sur les textes de Nag Hammadi*, ed. B. BARC (*BCNH*, section «Études», 1), Québec-Louvain, 1981, p. 390-404.

[2] En 7,1, le mot «nature» nous semble cependant avoir un autre sens, celui de créature ou de modelage fait de matière, cf. *Infra*, note 7.

Au point de vue moral, et ceci nous semble plus apparent à la page 8, l'auteur établit une opposition fondamentale entre la nature (la troisième nature décrite par le Sauveur) et la παράφυσις, désignant par là deux principes opposés en fonction desquels les trois natures sont définies : il existerait donc d'une part une nature qui s'identifie au bien, la *nature*, une autre intermédiaire et qualifiée d'*adultère*, à qui est attribuée l'existence du péché puisqu'elle correspond à la παράφυσις, c'est-à-dire à un état contraire à ce principe supérieur qu'est la nature, et enfin, une nature opposée à la première mais qui n'est chargée d'aucun péché (puisqu'elle agit conformément à sa nature) : *la nature de la matière*.

Nous essaierons cependant de montrer que ces deux aspects, moral et cosmique, peuvent être interprétés à un seul niveau. Tout le passage concerne en effet l'homme, l'Homme supérieur descendu dans le monde inférieur et, dès lors, composé de trois natures.

p. 7,1-9 (La nature de la matière)

Le Sauveur transmet à ses disciples une doctrine cosmologique suivant laquelle les êtres et les essences se mélangent pour former le cosmos matériel puis se séparent et retournent se dissoudre dans leur racine, c'est-à-dire, reviennent à leur état initial. C'est à la lumière des doctrines grecques, et particulièrement stoïciennes, sur la cosmologie que ce passage semble le mieux s'expliquer. Précisons que ces thèmes philosophiques, largement répandus aux premiers siècles de l'ère chrétienne[3], dans l'hermétisme par exemple, ont été certainement remaniés en fonction d'un mythe sotériologique que nous allons étudier. Mais, étant donné le caractère concis de l'enseignement dans l'EvMar, il n'est pas inutile de fournir quelques précisions sur ces doctrines dont l'auteur a pu s'inspirer.

Pour les Stoïciens, le cosmos désigne entre autres[4], le système formé du ciel et de la terre et de tout ce qu'ils contiennent. En ce sens, le cosmos est engendré, il est donc destructible : «La naissance du monde a lieu, lorsque, à partir du feu, la substance, par l'intermédiaire de l'air,

[3] Cf. M. SPANNEUT, *Le Stoïcisme des Pères de l'Église, de Clément de Rome à Clément d'Alexandrie* (Patristica Sorbonensia, 1), Paris, 1957.
[4] Chez les Stoïciens, le mot *cosmos* désigne également le Dieu lui-même dont le principe d'individuation est fait de la substance tout entière. Comme tel, il est indestructible et inengendré. À périodes fixes, il ramène à lui la substance et l'engendre à nouveau à partir de lui-même. Cf. H.S. LONG, *Diogenis Laertii, Vitae Philosophorum*, livre VII, 137-138, Oxford, 1964, p. 355-356.

se change en humidité, dont la portion épaisse et consistante fait la terre, tandis que ses parties subtiles deviennent de l'air et, se subtilisant encore plus, engendrent le feu ; ensuite, selon le mélange (des éléments) viennent d'eux les plantes, les animaux, et les autres genres d'êtres » [5]. Ce cosmos est destiné à périr lors d'une conflagration universelle, toutes choses matérielles retournant se dissoudre dans leurs éléments d'origine, ces éléments se désagrégeant à leur tour pour revenir à l'Un.

Que peut-on retenir de cela pour l'explication de notre texte ? [6] Nous y retrouvons ce même mouvement de mélange puis d'éclatement qui caractérise le monde matériel. Les termes φύσις [7], πλάσμα et κτίσις, dans ce contexte particulier, nous semblent représenter tout ce qui compose la structure matérielle des êtres (tout modelage, tout ouvrage façonné, toute substance matérielle) ou peut-être les diverses espèces de vivants mortels, liés et retenus ensemble provisoirement [8]. Ces diffé-

---

[5] Γίνεσθαι δὲ τὸν κόσμον ὅταν ἐκ πυρὸς ἡ οὐσία τραπῇ δι᾽ ἀέρος εἰς ὑγρότητα, εἶτα τὸ παχυμερὲς αὐτοῦ συστὰν ἀποτελεσθῇ γῆ, τὸ δὲ λεπτομερὲς ἐξαραιωθῇ, καὶ τοῦτ᾽ ἐπὶ πλέον λεπτυνθὲν πῦρ ἀπογεννήσῃ. εἶτα κατὰ μίξιν ἐκ τούτων φυτά τε καὶ ζῷα καὶ τὰ ἄλλα γένη (Diogenis Laertii, Vitae Philosophorum, VII, 142, p. 358 Long ; trad. franc. : É. Bréhier, Les Stoïciens, Bibliothèque de la Pléiade, Paris, 1962, p. 61). Par une série de mutations le feu en se condensant donne naissance à l'air, l'air à l'eau, l'eau à la terre. Le même cycle de mutation reprend jusqu'au feu. Cette doctrine figure dans le Timée (49b-c ; 54b) puis passe au stoïcisme : Τὰς οὐσίας... δι᾽ ἀλλήλων ἰέναι (SVF, II, 411, 39, p. 135 Arnim) ; στοιχεῖα ... ἐξ ὧν συνίστασθαι πάντα καὶ ζῷα καὶ φυτά, καὶ τὸν ὅλον κόσμον καὶ τὰ ἐν αὐτῷ περιεχόμενα καὶ εἰς ταῦτα διαλύεσθαι (SVF, II, 413,8-11, p. 136 Arnim).

[6] Nous ne retenons de cette cosmologie grecque que certains éléments essentiels : le mélange provisoire des essences et des êtres dans le cosmos et leur dissolution. Nous ne faisons donc pas référence à une doctrine stoïcienne précise, chaque philosophe proposant évidemment, à l'intérieur de ce système général, des divergences qu'il serait inutile d'étudier puisque notre texte n'entre pas dans ces distinctions.

[7] Nous traduisons le mot « nature » en fonction de sa liaison avec les termes πλάσμα et κτίσις et en fonction du contexte : la question qui est ici posée au Sauveur (7,1-2) concerne le sort de la matière. La multiplicité des termes sert, à notre avis, à souligner le caractère hétérogène du mélange (il y a toutes sortes de créatures, de créations, d'essences, etc.) et cette hétérogénéité explique pourquoi leur liaison est provisoire.

[8] ⲉⲩϣⲟⲡ ⲍⲛ ⲛⲉⲅⲉⲣⲏⲩ ⲙⲛⲙⲙⲁⲩ (7,4-5) : l'ensemble traduit à notre avis une expression grecque dans laquelle une des prépositions (ⲍⲛ ou ⲙⲛ) entrait dans la composition du verbe ; il nous semble en effet difficile de traduire littéralement ϣⲱⲡⲉ ⲍⲛ ... ⲙⲛ .... Nous avons donc adopté la solution suivante :

a. Nous traduisons l'expression ϣⲱⲡⲉ ⲙⲛ comme σύνειμι. Crum (169b) mentionne en effet que la préposition ⲙⲛ peut traduire un préverbe, c'est-à-dire une préposition qui entre dans la composition d'un verbe grec : σύν ou μετά (cf. Lc, 9,18 et Ac, 22,11 : σύνειμι est traduit en sahidique par ϣⲱⲡⲉ ⲙⲛ). Σύνειμι (LS 1705a) signifie « être lié », « être joint », « former un composé ». En ce sens, le verbe pourrait exprimer la συνουσία des éléments ou des vivants mortels dans le cosmos : toutes natures, toutes créatures, toutes créations (φύσις, πλάσμα, κτίσις : 7,3) ; union dont les liens ne sont pas indissolubles, mais provisoires comme on peut le voir par la suite du passage (7,5s).

b. ⲍⲛ ⲛⲉⲅⲉⲣⲏⲩ (C 59a) peut traduire μετ᾽ ἀλλήλων ou ἐν ἀλλήλοισι, expres-

rentes substances ou entités dont l'union forme le monde matériel ne pourront que retourner se dissoudre chacune dans la racine qui lui est propre puisque, est-il précisé par le Sauveur, la matière par nature ne peut que se dissoudre dans les éléments constitutifs de sa nature, ceux-ci se résorbant vraisemblablement en un seul.

Comment et par quel principe originel fut constituée la matière? Le texte ne le dit pas. Nous pouvons suggérer une hypothèse : d'après plusieurs textes gnostiques, le monde inférieur a été produit à l'origine à partir d'une déficience de la Sophia; il provient d'un manque ou de l'obscurité. Il est donc naturel qu'il retourne au néant[9]. Nous essaierons de préciser par la suite comment s'effectue ce mouvement de dissolution de la matière qui détermine le salut de toute la race spirituelle.

La nature de la matière représente donc cette substance dont est formé *l'homme terrestre* et que les disciples ont dû revêtir provisoirement lors de leur descente dans le monde inférieur.

p. 7,10-17 (La nature de l'adultère)

Dans sa question («Qu'est-ce que le péché du monde?», [7,12]), Pierre utilise une expression connue : le péché du monde (*Jn*, 1, 29). Or, cette formule est visiblement rejetée par le Sauveur, ce qui indique une volonté de substituer à la notion traditionnelle du péché, une autre explication.

> Il n'y a pas de péché, mais c'est vous qui
> faites exister le péché lorsque vous agissez
> en conformité avec la nature de l'adul-
> tère que l'on nomme «le péché» (7,13-17).

Le péché ne vient donc pas de la matière ou de sa nature, mais il est imputé par le Sauveur aux disciples eux-mêmes. Ce sont eux qui le

---

sions qui accentuent l'idée d'une union étroite entre les êtres. L'ensemble pourrait donc traduire une expression comme σύνειμι ἐν ἀλλήλοισι ou μετ'ἀλλήλων. Nous pourrions également trouver ici l'expression μετ'ἀλλήλων συνέχεσθαι, si connue dans la philosophie grecque pour exprimer la συνέχεια, c'est-à-dire le principe d'unité qui retient les choses hors de la dispersion (LS 1714b : keep together, keep from dispersing. Cf. PLATON, *Timée*, 42e, 43a et 43e). D'ailleurs, W.C. Till et H.-M. Schenke (*Die gnostischen Schriften...*, p. 63) traduisent le verbe ϣⲱⲡⲉ par «bestehen», verbe qui exprime cette même idée («bestehen ineinander (und) miteinander»). Cf. R. McL. WILSON, G.W. MACRAE, «The Gospel according to Mary», p. 457 : «exist in and with one another».

[9] Cf. l'*Hypostase des Archontes* (HypArch), p. 94,5-12; l'*Écrit sans Titre* (Ecr sT), p. 126,16 - 127,6.

font exister. De plus, il est relié à l'adultère. Cette notion est habituelle dans les textes gnostiques. L'*Exégèse de l'Âme* (ExAm) du Codex II par exemple, expose le mythe de l'âme déchue dans le monde. Originellement androgyne, celle-ci se prostitue et devient adultère lorsqu'elle entre dans le corps[10]. L'adultère symbolise le mélange avec la matière. Il existe donc provisoirement une *nature de l'adultère*[11], celle de l'âme déchue et séparée de son conjoint. C'est bien ce que raconte notre texte : le Sauveur transmet sa révélation aux disciples divisés (9,15-16), soumis à l'affaiblissement et à la mort (7,22), parce qu'ils sont descendus dans le monde inférieur. Ce sont des psychiques. Ils agissent donc en suivant cette nature : ils subissent la domination de la matière.

On comprend alors pourquoi le Sauveur leur attribue l'existence du péché. La matière possède une nature spécifique : le mélange est nécessaire à sa survie. Issue du mélange, elle est conforme à sa nature. Le mal ne peut donc venir de la matière en tant que telle[12]. Au contraire, l'âme, dans le mélange avec la matière, a perdu son unité : elle a été séparée d'une partie d'elle-même, c'est-à-dire de sa vraie nature.

p. 7,17-22 (La nature)

Seuls les disciples peuvent «commettre le péché» puisqu'ils sont divisés. Or, qui dit péché dit salut, seuls ils peuvent être sauvés.

> Voilà pourquoi le Bien est venu au
> milieu de vous jusqu'aux (éléments) de
> toute nature pour la rétablir dans sa
> racine (7,17-20).

Une troisième nature est donc décrite ici. Elle est issue d'une racine unique ; en conséquence, le retour à la racine n'est plus une dissolution

---

[10] ExAm, p. 127,22s.

[11] Cf. EvPhil, p. 61,10-12 : «Toute union issue de dissemblables entre eux est un adultère». Dans la littérature gnostique, l'adultère est quelquefois expliqué à partir d'un thème mythique important, celui de l'androgynie primordiale d'Adam et Ève : on y raconte l'adultère d'Ève avec les Archontes et leur chef ainsi que la naissance de Caïn et Abel, naissance qui serait à l'origine de deux races d'hommes, hylique et psychique, la race pneumatique étant issue de l'union d'Adam et Ève : HypArch, p. 89, 17-31 ; 91,11-14, cf. B. BARC, *L'Hypostase des Archontes*, p. 104.

[12] Cf. L'*Épître apocryphe de Jacques* (ApocrJac), p. 11,35-12,5, trad. franc., p. 23-25 Malinine : «Car Il (le Père) connaît la volonté et, aussi, ce dont la chair a besoin. Elle, bien entendu, ne désire pas l'âme. En effet, sans l'âme le corps ne pèche pas, de même que l'âme ne sera point sauvée sans l'esprit (*pneuma*). Mais si l'âme est, dépouillée du mal, sauvée, et si est aussi sauvé l'esprit (*pneuma*), le corps est *sans péché*».

comme pour la matière mais un rétablissement, c'est-à-dire le salut (7,19)[13]. L'existence de cette troisième nature est impliquée par celle même de l'adultère : pour qu'il y ait adultère, celui de l'âme unie à la matière, un troisième élément est en effet nécessaire, représentant le conjoint de l'âme. Il se pourrait donc que le Sauveur décrive ici cette nature à laquelle les disciples doivent s'identifier s'ils veulent être rétablis dans leur racine[14].

Pour cette nature, le retour à la racine nécessite l'intervention du *Bien*, c'est-à-dire d'un *Sauveur* venu jusqu'à elle. Celui-ci ne vient pas rétablir toute la nature de la matière mais bien toute la nature, celle pour qui le retour à la racine signifie le salut; en d'autres mots, il vient sauver la seule nature qui ait besoin d'être sauvée, celle pour qui le mélange équivaut à la mort.

C'est donc, semble-t-il, l'intervention du Sauveur qui, en libérant les éléments de nature spirituelle, provoque la destruction de la matière qui aura lieu quand tous ces éléments spirituels seront rétablis dans leur racine, lors d'une catastrophe finale. C'est vraisemblablement cette semence spirituelle, même si elle est dominée par la matière, qui donne à celle-ci sa cohésion[15].

Par le biais de trois natures, le texte décrit le salut de l'homme. L'âme déchue de l'homme doit rejeter la matière et s'unir à la nature spirituelle dont l'Image lui est manifestée par le Sauveur.

p. 8,1-11 (Médiation nécessaire de l'Image pour atteindre la nature spirituelle)

Le Sauveur poursuit son explication sur le péché :

> [La matière a engendré] une passion qui
> ne possède pas l'Image puisqu'elle est
> issue d'une (union) contre nature. Le
> trouble naît alors dans le corps tout
> entier (8,2-6).

---

[13] Cf. EvPhil, p. 53,20-23 : «chacun retournera se dissoudre dans son origine depuis le commencement. Mais ceux qui sont supérieurs au monde sont indissolubles, éternels».

[14] En 10,16-23, Marie révèle aux disciples que l'homme est composé de deux éléments intérieurs qui, semble-t-il, ne parviennent pas à se réunir par eux-mêmes, mais nécessitent l'intervention du Sauveur : *l'âme et le pneuma*. Cette troisième nature se nommerait donc peut-être la nature pneumatique. Cf. Commentaire sur p. 10,10-23.

[15] Chez les gnostiques, si les parcelles pneumatiques donnent au monde sa cohésion, elles doivent cependant être sauvées, c'est-à-dire être séparées de la matière puisqu'elles sont d'une autre nature. C'est pourquoi la matière retourne au néant.

La passion, le trouble dans le corps, tout cela peut certainement être rattaché à l'affaiblissement[16] et à la mort (7,21-22) auxquels sont soumis les disciples parce qu'ils suivent la nature de l'adultère. Le mal vient de l'union de deux essences opposées, spirituelle et matérielle. L'union adultère avec la matière provoque la passion parce qu'elle est contre nature. La nature de l'adultère est un état provisoire de l'homme spirituel; dans le mélange, il ne suit plus sa vraie nature puisqu'il est divisé, mais une autre, celle de la matière.

Or, cette union provoque une passion « qui ne possède pas l'Image ». La suite du discours peut jeter quelques lumières sur cette déclaration pour le moins obscure.

> Soyez obéissants et à la fois déso-
> béissants pourvu que vous obéissiez
> à chaque Image de la nature (8,7-10)[17].

Dans le monde inférieur, cette nature spirituelle à laquelle le disciple doit obéir ne se manifeste qu'en *Image* : d'où ce commandement d'obéir à chaque Image de la nature. Cette médiation nécessaire de l'Image, ainsi que l'opposition entre la possession et la non-possession de l'Image que le texte évoquait précédemment, sont au centre de la théologie de l'EvPhil du Codex II : « La Vérité n'est pas venue dans le monde nue, mais elle est venue dans les symboles et les images. (Le monde) ne la recevra pas autrement »[18]. Dans notre texte comme dans l'EvPhil, obéir aux Images signifie donc saisir la Vérité manifestée dans le monde sensible par le Sauveur et s'y conformer.

[16] ϣⲱ[ⲛ]ⲉ (7,21-22) : cette conjecture (W.C. TILL, H.-M. SCHENKE, *Die gnostischen Schriften...*, p. 62) est tout à fait vraisemblable (ϣⲱⲛⲉ, C 570b : ἀσθενεῖν, πάσχειν). Dans le valentinisme en effet, ἀσθενής désigne l'état de la substance pneumatique déchue, cf. IRÉNÉE, *Adv. Haer.*, I,2, 4; II, 20, 3. Dans l'EvMar, l'affaiblissement précéderait donc la mort et il serait en relation avec la passion et le trouble (7,22 et 8,2-6).

[17] ϣⲱⲡⲉ ⲉⲧⲉⲧⲛⲧⲏⲧ ⲛ̅ϩⲏⲧ ⲁⲩⲱ ⲉⲧⲉⲧⲛⲟ ⲛ̅ⲁⲧⲧⲱⲧ ⲉⲧⲉⲧⲛⲧⲏⲧ ⲙⲉⲛ ... (8,7-9) : le qualitatif (ici ⲧⲏⲧ[+] et ⲟ[+] ⲛ̅ⲛⲁⲧⲧⲱⲧ; cf. C 438, ⲧⲱⲧ ⲛ̅ϩⲏⲧ : πείθειν) ne peut être employé qu'avec un temps duratif (présent I, présent II, imparfait; cf. T, p. 124, no 257 et Pol, p. 240s). Comme il ne peut être mis à l'impératif, le copte utilise alors une expression périphrastique (cf. T, p. 171, no 332) : le verbe ϣⲱⲡⲉ à l'impératif, puis, le verbe sur lequel porte la signification sous la forme d'une circonstancielle au présent (ⲉⲧⲉⲧⲛ). Les trois verbes au qualitatif, présents dans cette phrase, se rattachent donc tous, à notre avis, à l'impératif ϣⲱⲡⲉ : « Soyez obéissants et à la fois désobéissants, mais du moins (μέν), soyez obéissants envers... ». Cf. W.C. TILL, H.-M. SCHENKE, *Die gnostischen Schriften...*, p. 65 : « Fasst Mut und, wenn ihr mutlos seid, habt doch Mut angesichts ... »; R.McL. WILSON, G.W. MacRAE, « The Gospel according to Mary », p. 459 : « Be of good courage, and if you are discouraged (be) encouraged in the presence of... ».

[18] EvPhil, p. 67,9-11. Aussi, EvPhil, p. 84,20-21, cf. J.É. MÉNARD, *L'Évangile selon Philippe*, p. 78-79.

Le thème du médiateur ou de l'image médiatrice se répète sans cesse dans l'EvMar et précisément dans l'exhortation finale, où le Sauveur demande à ses disciples de suivre le Fils de l'Homme présent à l'intérieur de chacun d'eux (8,18-19) : le Fils, Image de l'Homme immortel, est dispersé en chacun puisqu'il est intérieur et que les disciples ne sont pas encore rassemblés. Ce serait donc cette Image intérieure que le Sauveur est venu révéler ; la Vérité ne peut apparaître en ce monde qu'à travers une Image multiple.

À l'opposé, le mélange contre nature avec la matière engendre dans l'homme une passion qui empêche celui-ci de posséder la Vérité manifestée par l'Image. La passion ne peut posséder l'*Image de la nature* puisqu'elle est issue de ce qui est *contre nature* (8,1-6). Le thème de la non-possession de l'Image par la passion est traité en langage mythologique dans la littérature gnostique ; du moins est-ce ainsi que nous comprenons ce passage. Dans plusieurs écrits en effet, la passion fondamentale des Archontes ou des Puissances inférieures est le désir de posséder le spirituel ; désir de capter l'Image de l'Homme immortel qui apparaît dans les eaux inférieures[19] ou de posséder la femme spirituelle venue réveiller l'Adam psychique pour lui faire connaître son essence[20]. Or, si elles peuvent dominer le corps (EvMar, p. 8,4-6), ces Puissances ne peuvent cependant pas saisir le spirituel car elles sont psychiques : elles appartiennent au monde inférieur. Dans l'Hyp-Arch, cette règle énoncée au sujet des Puissances s'applique à l'homme : l'homme psychique, encore soumis à la matière, ne peut saisir l'Image spirituelle[21].

Obéir à chaque Image de la nature pourrait donc être en relation avec cette autre affirmation du Sauveur à ses disciples : «c'est vous qui faites exister le péché *lorsque vous agissez en conformité avec la nature de l'adultère*» (7,14-16), cette seconde nature entraînant leur domination par la matière. Obéir à chaque Image de la nature[22] ou imiter la nature de l'adultère[23] : on y retrouve la même idée de

---

[19] ApocrJn (BG), p. 47,14-49,9 ; HypArch, p. 87,11-88,3.

[20] HypArch, p. 89,10-31.

[21] Cf. B. BARC, *op. cit.*, p. 78.

[22] Comme chez les Stoïciens, la nature semble avoir ici le sens de principe supérieur, le *Bien*, auquel il faut accorder son consentement ou qu'il faut suivre, cf. *SVF*, I, 552, p. 125 Arnim ; SÉNÈQUE, *De benef.*, IV, 7,1 : «La Nature est-elle autre chose que Dieu et la raison divine insérée dans le monde et ses parties»? — Dans notre texte cependant, ce principe suprême est opposé à une nature matérielle.

[23] ⲉⲓⲣⲉ ⲛⲛⲉϯⲛⲉ = ⲉⲓⲣⲉ ⲛⲛⲉⲧⲉⲓⲛⲉ, litt. : «faire ce qui imite» (C 80b, ⲉⲓⲛⲉ : «imiter», «être semblable ou conforme»).

participation ou d'accord avec l'une ou l'autre nature; les deux formules sont donc parallèles mais en relation inverse l'une par rapport à l'autre. Car, l'obéissance à l'Image de la nature céleste est incompatible avec la dépendance dans laquelle se trouvent les disciples à l'égard de la nature de l'adultère. Ils doivent donc obéir à la «nature» et désobéir à la nature de l'adultère: l'adhésion à la première implique nécessairement le rejet du mélange que symbolise la seconde.

L'exhortation finale du Sauveur (p. 8,11 - 9,5)

L'exhortation finale du Sauveur est composée d'une chaîne de citations extraites du Nouveau Testament[24], sorties de leur contexte littéraire et historique pour être insérées dans un nouveau contexte et par conséquent remaniées en fonction de ce dernier. On sait que les chrétiens gnostiques se fondaient, pour interpréter les paroles de Jésus, sur une doctrine ésotérique différente de l'enseignement apostolique tel que le Nouveau Testament nous l'a conservé[25]. Dans cette perspective, la comparaison avec le texte canonique ne se justifie que pour mesurer la distance littéraire entre deux citations; elle peut seulement nous permettre de mieux faire ressortir les aspects particuliers de l'exégèse dans l'EvMar.

«Le Fils de l'Homme est à l'intérieur de vous. Suivez-le». Ce commandement du Sauveur à ses disciples constitue le thème central de son exhortation. Les citations utilisées par l'auteur pour exprimer cette doctrine se rapportent, dans le Nouveau Testament, à un enseignement transmis par Jésus *avant sa passion*, enseignement qui annonce donc les souffrances et la mort du Christ avant sa résurrection, ainsi que son avènement futur, lors du jugement dernier (EvMar, p. 8,15s). Or, dans l'EvMar, avant d'aborder ce thème central, le Sauveur prononce des paroles de paix qui font référence à celles que dit Jésus, chez Luc et Jean[26], lorsqu'il apparaît pour la première fois aux disciples *après sa résurrection* (8,14-15).

Ces paroles de paix, servant de préambule, situent donc d'emblée l'ensemble de l'exhortation du Sauveur dans un tout autre contexte, celui de la résurrection et de la période qui suit, les divergences dans la forme des citations par rapport au texte canonique du Nouveau

---

[24] Nous ne connaissons pas d'autres sources.
[25] IRÉNÉE, *Adv. Haer.*, III, 2,2; III, 3,1.
[26] *Lc*, 24,36; *Jn*, 20,19.21.26.

Testament s'expliquant alors aisément. Suivre le Fils de l'Homme ne signifierait donc pas que les disciples doivent souffrir et mourir à l'exemple de celui qui est venu les sauver et qui reviendra à la fin pour juger. L'obéissance à ce commandement procurerait au contraire la paix, c'est-à-dire la découverte du Royaume du Fils de l'Homme présent à l'intérieur de chacun des disciples, actuellement soumis à la souffrance et à la mort.

a. *Les emprunts scripturaires*[27]

EvMar		Nouveau Testament
8,14 :	Paix à vous	«Paix à vous!» : *Lc*, 24,36; *Jn*, 20, 19.21.26 (Premières apparitions de Jésus après sa résurrection).
8,14-15 :	Que *ma paix* s'engendre en vous	«Je vous laisse ma paix, *c'est ma paix* que je vous donne» : *Jn*, 14,27 (Adieux du Sauveur après la Cène : annonce de son départ vers le Père et de l'envoi de l'Esprit Saint).
8,15-16 :	Veillez à ce que personne ne vous égare	(*Discours sur les signes précurseurs et la venue du Fils de l'Homme*) : «*Prenez garde qu'on ne vous égare.* Car il en viendra beaucoup sous mon Nom, qui diront : C'est moi, le Christ» : *Mt*, 24,4-5. Cf. *Mc*, 13,5; *Lc*, 21,8.
8,16-18 :	en disant : «Le voici» ou «Le voilà»	«Alors, si quelqu'un vous dit : Voici : le Christ est ici! ou bien : Ici! n'allez pas le croire» : *Mt*, 24,23. Cf. *Mc*, 13,21. «*Et on vous dira : Le Voici là! Le Voici ici!*» : *Lc*, 17,23. (*Discours sur la présence du Royaume*) : Les Pharisiens lui ayant demandé quand viendrait le Royaume de Dieu, il leur répondit, et il dit : «Le Royaume de Dieu ne doit pas venir de façon à être épié, et on ne dira pas : *Le voilà ici! ou là!*» : *Lc*, 17,20-21.
8,18-19 :	car c'est à l'intérieur de vous qu'est le Fils de l'Homme	«Car voilà que le Royaume de Dieu *est à l'intérieur de vous*» (ἰδοὺ γὰρ ἡ βασιλεία τοῦ θεοῦ ἐντὸς ὑμῶν ἐστιν) : *Lc*, 17,21.

---

[27] Cf. W.C. TILL, H.-M. SCHENKE, *Die gnostischen Schriften...*, p. 64-65 et R. McL. WILSON, «The New Testament in the Gnostic Gospel of Mary», p. 242-243.

8,19-20 :	Suivez-le	«Si quelqu'un veut venir à ma suite, qu'il se renie lui-même, et qu'il prenne sa croix, et *qu'il me suive*»: *Mt*, 16, 24. Cf. *Mc*, 8,34; *Lc*, 9,23 (Après une première annonce de la Passion).
8,20-21 :	Ceux qui le chercheront, le trouveront	«Cherchez, et vous trouverez»: *Mt*, 7,7. Cf. *Lc*, 11,9 (Recherche du Royaume et du trésor qui est dans le ciel).
8,21-22 :	Allez donc et proclamez *l'Évangile du Royaume*	«Et cet *Évangile du Royaume* sera proclamé dans le monde entier, en témoignage pour toutes les nations. Et alors arrivera la fin...»: *Mt*, 24, 14. Cf. *Mc*, 13,10 (Discours sur les signes précurseurs et la venue du Fils de l'Homme). «Allez dans le monde entier, proclamez l'Évangile à toute la création»: *Mc*, 16,15.
8,22 - 9,4 :	N'imposez aucune autre règle hormis celle que je vous ai fixée et ne donnez pas de *Loi* à la manière du Législateur afin que jamais vous ne soyez *dominés par elle*	«Mais maintenant nous avons été dégagés de *la Loi*, étant morts à ce *qui nous dominait*» (νυνὶ δὲ κατηργή-θημεν ἀπὸ τοῦ νόμου, ἀποθανόντες ἐν ᾧ κατειχόμεθα): *Rm*, 7,6 [28].

b. *Analyse de l'exhortation finale du Sauveur*

p. 8,11-15 («Que ma paix s'engendre en vous»)

Dans les Évangiles, en *Lc*, 24,36 et *Jn*, 20,19.21.26, le thème de la paix est lié au contexte post-pascal. Les paroles de paix sont prononcées par Jésus après sa résurrection, lors de ses apparitions aux disciples troublés, hésitant à le reconnaître. La paix représente un état de salut, une victoire sur la souffrance et la mort. De plus, elle est un don laissé par le Sauveur dans le monde, au moment de son départ. Elle est donc liée à l'envoi en mission des disciples. Pendant ces apparitions qui précèdent son ascension (*Lc*, 24,51), Jésus ouvre leur intelligence des Écritures et leur insuffle l'Esprit: les disciples

[28] Il pourrait y avoir une allusion à *Lc*, 16,16 comme le suggère R.McL. WILSON, *op. cit.*, p. 243.

sont alors remplis de tous les dons et ils ont la connaissance qui leur permettra d'annoncer l'Évangile (*Lc*, 24,45 ; *Jn*, 20,22).

La paix laissée par le Sauveur ressuscité au moment de son départ abolit le trouble et la division. Or, dans l'EvMar, cette paix doit être engendrée par chacun des disciples, en eux-mêmes : elle doit résulter d'une résurrection intérieure. En ce sens, la résurrection du Sauveur [29] ne représente que la projection dans l'histoire ou dans le monde matériel d'un événement devant se produire en chacun, qui abolira le trouble et la division à l'intérieur de l'âme. Seul le Sauveur peut en effet léguer la paix («Que *ma paix* s'engendre en vous»). Cet engendrement ne peut donc provenir que d'un Sauveur ou d'un élément sauveur intérieur. Ce processus d'intériorisation du salut est étayé par l'affirmation suivante du Sauveur sur la présence du Fils de l'Homme à l'intérieur de chacun des disciples (8,18-19).

p. 8,15-20 («... le Fils de l'Homme est à l'intérieur de vous»)

Le Sauveur exhorte les disciples à être vigilants les mettant en garde contre l'erreur qui consisterait à croire en une présence extérieure et observable du Fils de l'Homme («Le voici» ou «Le voilà»), puis il leur indique le lieu où il se trouve :

> ... c'est à l'intérieur de vous
> qu'est le Fils de l'Homme. Suivez-le (8,18-20).

L'auteur commenterait ici le passage de Luc sur la présence du Royaume des Cieux (*Lc*, 17,21). Or, au IIe siècle, date probable de notre texte, Irénée de Lyon interprète ce même passage lucanien en le mettant également en relation avec la figure du Fils de l'Homme, en un tout autre sens cependant [30]. La comparaison entre ces deux exégèses datant vraisemblablement de la même époque, permet, par contraste, de percevoir avec plus de relief, le caractère spécifique de la doctrine de l'EvMar.

Chez Irénée, la partie du livre III dans laquelle est insérée la référence à *Lc*, 17,21 est un réquisitoire contre le docétisme gnostique [31] :

---

[29] 9,10-11, semble être une allusion à la Passion.

[30] *Adv. Haer.*, III, 21,4,82-84.

[31] *Adv. Haer.*, III, 16,1s. Cf. Aussi, l'avertissement d'IRÉNÉE : «Beaucoup de séducteurs sont venus dans le monde, qui ne confessent pas que Jésus-Christ est venu en chair... Prenez garde à eux, ...» (*Adv. Haer.*, III, 16,8, trad. franc., p. 319-321 Rousseau-Doutreleau). Dans l'EvMar, les avertissements du Sauveur signifient vraisemblablement le contraire (8,15-19).

Irénée y traite des deux natures, humaine et divine, du Christ. La *venue du Seigneur* a été proclamée d'abord par les prophètes puis annoncée par les apôtres : «et c'est encore lui (l'Esprit de Dieu) qui, chez les apôtres, a annoncé ... que *le royaume* des cieux était proche, *qu'il résidait au dedans des hommes* qui croyaient en l'Emmanuel né de la Vierge»[32].

À partir du texte même de la prophétie de l'Emmanuel (*Is*, 7,10-16), Irénée veut démontrer que la naissance virginale est une preuve de la divinité de Jésus[33]. Par contre, la référence au passage lucanien sert à affirmer la réalité de son incarnation. En effet, quelques pages avant, il écrit : «lui, le Verbe de Dieu qui a *habité dans l'homme*[34] et s'est fait *Fils de l'homme* pour accoutumer l'homme à saisir Dieu et accoutumer Dieu à habiter dans l'homme...»[35].

Le Fils de l'homme est pour Irénée celui qui a été engendré en tant qu'homme par Marie, elle-même issue de la race des hommes[36] : «L'Évangile ne connaît donc pas d'autre Fils de l'homme que Celui qui est né de Marie et qui a aussi souffert la Passion»[37]. Et Irénée ajoute qu'il ne connaît pas non plus de Christ s'envolant de Jésus avant sa Passion, refusant ainsi les doctrines docètes. Le Royaume des Cieux venu habiter au-dedans des hommes représente donc le Fils de Dieu devenu Fils de l'homme afin de réunir l'homme à Dieu, c'est-à-dire celui qui est mort et ressuscité, qui est descendu et remonté et qui reviendra lors du jugement dernier[38].

Alors que chez cet auteur, la référence à *Lc*, 17,21 sert à affirmer la réalité de l'incarnation qui annonce la réalité des souffrances et de la mort du Fils de Dieu, dans l'EvMar, cette référence est insérée dans le contexte de la paix pascale. Irénée cite donc dans son argumentation le passage des Synoptiques sur les conditions pour suivre Jésus afin de justifier le martyre des disciples, qui doivent eux aussi porter leur croix et mourir (*Mt*, 16,24-25). Dans l'EvMar, le fait de

[32] *Adv. Haer.*, III, 21,4, 82-84, trad. franc., p. 410-411 Rousseau-Doutreleau.
[33] IRÉNÉE combat ici d'autres adversaires, les Ébionites, qui ne voient en Jésus qu'un prophète né de Joseph, cf. *Adv. Haer.*, III, 21,1s.
[34] Aussi *Jn*, 1,14.
[35] *Adv. Haer.*, III, 20,2, trad. franc., p. 392-393 Rousseau-Doutreleau.
[36] *Adv. Haer.*, III, 19,3,60-62.
[37] *Adv. Haer.*, III, 16,5, 167-168, trad. franc., p. 306-307 Rousseau-Doutreleau.
[38] *Adv. Haer.*, III, 18,3, 61-65. Pour Irénée cependant, la cœxistence de *deux natures* dans le Christ n'est pas un mélange : il existe deux natures dans l'unité de la personne du Verbe (*Adv. Haer.*, III, 19,3, 54-60 et la note 1 de la page 379, éd. critique, p. 343-345 Rousseau-Doutreleau). Dans l'EvMar au contraire, l'union de la nature spirituelle avec la matière est un adultère.

suivre le Fils de l'Homme engendrera au contraire la paix, c'est-à-dire la fin des souffrances actuelles des disciples. Le Fils de l'Homme, présent à l'intérieur de chacun d'eux, ne peut donc représenter comme chez Irénée, le fils de l'homme terrestre mais le fils d'une entité spirituelle intérieure : l'Homme primordial ou l'Homme de lumière.

Dans Eug par exemple, où l'on voit les différentes émanations du monde spirituel se déployer à partir de l'Un, apparaissent l'Homme et le Fils de l'Homme[39] et tous les autres Éons dont on dit qu'il n'y a en eux *ni souffrance ni faiblesse*[40]. Le Royaume est celui du Fils de l'Homme appelé aussi le Sauveur[41] ou plutôt, est-il précisé un peu plus loin, dont le Sauveur est une manifestation[42].

Le Royaume est intérieur dans l'EvMar. Le Fils de l'Homme n'est donc ni descendu, ni remonté, ni mort, ni ressuscité à proprement parler : il doit resurgir en chacun des disciples puisqu'il leur est pour le moment caché[43]. Le Sauveur serait une manifestation de ce Royaume intérieur ; en effet, il ne demande pas aux disciples de le suivre lui, mais bien le Fils de l'Homme ; de plus, son départ, indiqué très sommairement (« Lorsqu'Il eut dit ces mots, Il partit », 9,5) ne sert paradoxalement qu'à révéler encore davantage la présence intérieure du Royaume. Le ton utilisé pour exprimer ce départ évoque par exemple la conclusion de la SJC où il est dit du Sauveur : « Il leur devint invisible de l'extérieur » (ⲁϥⲣ ⲁⲧⲟⲩⲱⲛϩ ⲛⲥⲁ ⲛⲃⲟⲗ ⲙⲙⲟⲟⲩ)[44].

Que peut alors signifier : *suivre* le Fils de l'Homme ? Chez les Naassènes par exemple, ou dans Eug, la doctrine sur l'Homme fait appel au thème de l'unité androgynique[45], thème qui est évoqué à quelques reprises dans notre texte (9,20 et 18,16). D'après le discours de révélation du Sauveur, les disciples sont faibles et mortels parce qu'ils sont divisés intérieurement, l'âme est séparée de son conjoint (7,10-22) ; c'est ce qui provoque la passion[46]. Ils engendreront donc en eux la paix

[39] Eug III, p. 76,21s et 81,12s.
[40] Eug III, p. 89,3-5.
[41] Eug III, p. 85,9-14.
[42] Eug III, p. 81,21 - 82,2.
[43] Ceci tendrait à prouver que le Sauveur n'a souffert et n'est mort qu'en apparence ou dans cette apparence qu'est le corps. Ce docétisme semble évoqué dans le récit qui suit l'exhortation finale du Sauveur, en 9,10-11. L'avertissement du Sauveur : « Veillez à ce que personne ne vous égare... » (EvMar, p. 8,15-16) contredirait celui d'Irénée (cf. *Supra*, note 31) et pourrait de ce fait être dirigé contre les chrétiens orthodoxes (ou qui deviendront tels).
[44] SJC (BG), p. 126,18 - 127,1.
[45] *Elenchos*, V,7,15.
[46] Cf. Commentaire sur 7,10-17.

lorsqu'ils auront retrouvé leur vraie nature, le Royaume d'où ils sont issus[47]. Le verbe ογωϩ νϲλ, «suivre», qui dans les Évangiles traduit ἀκολουθεῖν, nous paraît avoir dans l'EvMar, comme chez certains Stoïciens ou Pythagoriciens, le sens de «prendre quelqu'un pour modèle» (τύπος) afin de devenir à son tour un modèle, bref, dans ce contexte, il appelle l'idée d'une identification.

Ainsi perçue, la figure du Fils de l'Homme est autre que celle qui transparaît dans les récits canoniques. Cette dissemblance explique les changements dans les citations ainsi que dans l'ordre de certains événements racontés dans ces récits.

Récits canoniques	EvMar
Affirmation par le Sauveur de la nécessité d'*annoncer l'Évangile* du Royaume dans le monde entier avant la venue du Fils de l'Homme : *Mt*, 24,14; *Mc*, 13,10.	*Mise en garde contre l'erreur* : 8,15-18.
Mise en garde contre l'erreur concernant l'identité, le lieu et le moment de la venue du Fils de l'Homme : *Mt*, 24,23; *Mc*, 13,21; *Lc*, 17,23.	Affirmation de la *présence du Fils de l'Homme*, non observable extérieurement : 8,18-19.
Les signes précurseurs et les catastrophes cosmiques — l'*avènement du Fils de l'Homme* — le jugement dernier : *Mt*, 24,29-31; 25,31; *Mc*, 13,24-27; *Lc*, 17, 24; 21,25-27.	Ordre d'*annoncer l'Évangile*, sans donner de Loi (négation du jugement) : 8,21s.

La manifestation du Fils de l'Homme n'étant pas ici présentée comme un événement eschatologique, relié au jugement dernier, il nous semble logique de penser que l'auteur, pour exprimer sa doctrine, a voulu utiliser le passage de Luc (17,21) sur la présence du Royaume et en tirer une exégèse, en le substituant aux passages sur l'avènement du Fils de l'Homme qui suivent directement les appels à la vigilance chez Matthieu ou Marc et qu'il a ainsi identifié le Royaume au Fils. Ce qui chez Luc était mis en parallèle, la venue présente du *Royaume* (17,21), la venue future du *Fils de l'Homme* (17,24), est ici unifié comme dans le récit qui suit. En 9,9-10, il est en effet précisé que *le Royaume est celui du Fils de l'Homme*.

---

[47] La paix est le signe d'une unité intérieure que le disciple peut réaliser ici-bas, c'est-à-dire le salut. Elle ne signifie cependant pas pour autant le repos ou la fin de toute souffrance puisque les spirituels sont encore dans le corps. En 17,4-7, il est dit que l'âme n'atteint le repos qu'au terme de l'ascension, après la mort. Les disciples ont un rôle précis à jouer qui est de proclamer l'Évangile, ce qui suggère une attitude vigilante à l'égard des adversaires qui pratiquent la polémique.

p. 8,20-21 («Ceux qui le chercheront, le trouveront»)

Qui cherche le Fils de l'Homme a la certitude de le trouver puisqu'il le possède déjà en lui-même. À l'inverse, seul celui qui le possède le cherche, la recherche étant le signe de cette richesse intérieure. Comme le déclare le Sauveur dans le *Deuxième Traité du Grand Seth* (GrSeth), les adversaires, qui ne possèdent pas la Vérité, ne la désirent pourtant pas «parce qu'ils se sont donnés une autorité et une loi»[48]. Ce refus de la recherche serait le fait du christianisme orthodoxe. Selon K. Koschorke[49], cet aphorisme «chercher et trouver» (ou posséder) serait même une des principales formulations du conflit qui opposa les chrétiens gnostiques aux chrétiens orthodoxes. Ceux-ci ne cherchent pas le Dieu véritable puisque leur Dieu est de ce monde: il en est le créateur[50]. Ils se croient «riches du nom du Christ»[51].

Les disciples sont des sauveurs. Cette identité profonde est affirmée par le Révélateur dans l'ApocrJac du Codex I[52]: «Ainsi jusqu'à maintenant encore vous persistez à écouter alors qu'il vous convient de parler depuis le commencement!». Et comme dans le DialSauv[53], chercher signifie aussi annoncer; il faut réunir le multiple à l'Un: «Luttez et sauvez celui qui est capable de vous suivre. *Cherchez-le* et parlez avec lui afin que tout homme que vous *cherchez* puisse être en accord profond avec vous».

p. 8,21 - 9,4

a. Condamnation de la Loi

> Allez donc et proclamez l'Évangile
> du Royaume. N'imposez aucune règle
> hormis celle que je vous ai fixée
> et ne donnez pas de Loi à la maniè-
> re du Législateur afin que jamais
> vous ne soyez dominés par elle.

---

[48] GrSeth, p. 61,11-17.
[49] K. KOSCHORKE, «"Suchen und Finden" in der Auseinandersetzung zwischen gnostischem und kirchlichem Christentum», *Wort und Dienst* 14 (1977) 51-56. Cf. IRÉNÉE, *Dém.*, 92, trad. franc., p. 159 Froidevaux : «Je me suis manifesté à ceux qui ne me cherchaient pas»; TERTULLIEN, *De Praescr.*, 9. Sur la position intermédiaire de Clément d'Alexandrie et d'Origène, cf. KOSCHORKE, *art. cit.*, p. 61.
[50] AuthLog, p. 34,1-18 et 34,32 - 35,16.
[51] GrSeth, p. 59,22-30.
[52] ApocrJac, p. 9,29.
[53] DialSauv, p. 137,15s.

Le Sauveur établit une opposition entre une règle qu'il a fixée aux disciples (suivre le Fils de l'Homme puis annoncer l'Évangile du Royaume) [54] et, les règles et la Loi du Législateur. L'auteur a exploité ici un autre thème néo-testamentaire important, l'antagonisme entre la Loi mosaïque et le message de l'Évangile, s'inspirant ainsi de certaines épîtres pauliniennes [55].

L'opposition à la Loi dans l'EvMar nous semble de toute évidence motivée par la doctrine anthropologique. Encore une fois, une comparaison avec l'argumentation d'Irénée de Lyon contre le docétisme, peut servir à souligner certains aspects de cette doctrine. En effet, dans cette partie du livre III dont nous avons parlé précédemment [56], Irénée, citant quelques passages de l'*Épître aux Romains*, justifie ainsi le rôle de la Loi. Par la désobéissance d'Adam, l'homme est devenu un être faible et mortel; la Loi donnée par Moïse a servi à montrer sa culpabilité; elle a manifesté sa nature mortelle [57]. Pour Irénée, l'homme n'est donc pas un «Éon spirituel» [58]; il est l'homme façonné dont Adam est le prototype [59] : l'homme charnel.

Dans l'EvMar, les disciples sont affaiblis et ils meurent parce qu'ils n'ont pas encore découvert en eux le Fils de l'Homme. Le péché vient de l'union des êtres de nature spirituelle avec une nature qui leur est étrangère, celle de la matière [60]. L'Homme et le Fils de l'Homme représentent comme dans Eug du Codex III par exemple [61], ces entités immortelles dont l'homme charnel n'est qu'une contrefaçon. On comprend alors pourquoi le Sauveur demande aux disciples de ne pas donner de Loi qui les maintiendrait dans l'ignorance de leur vraie nature puisque la Loi révèle que l'homme est sujet par nature à la mort. Contrairement à l'exégèse d'Irénée où l'homme

---

[54] L'Évangile du «Royaume du Fils de l'Homme» comme il sera précisé un peu plus loin (EvMar, p. 9,9-10). L'annonce de la Bonne Nouvelle est en effet pour les disciples, la conséquence nécessaire de la découverte en eux du Fils de l'Homme alors que dans les Synoptiques, l'Évangile doit être proclamé dans le monde entier avant la venue du Fils, lors du jugement dernier.

[55] Cf. Introduction, p. 14s. Dans le GrSeth (p. 61,28 - 62,10), les vrais chrétiens doivent être libres et égaux; ils rejettent donc toute doctrine de crainte et d'esclavage. Dans l'EvMar également, le rejet de la Loi de l'Ancien Testament implique nécessairement le rejet de toute tendance chrétienne qui reconnaîtrait cette Loi puisque c'est aux disciples eux-mêmes que le Sauveur s'adresse.

[56] Cf. *Supra*, notes 30-33 et 35-38 du commentaire.

[57] *Adv. Haer.*, III, 18,7.

[58] *Adv. Haer.*, III, 20,2.

[59] *Adv. Haer.*, III, 21, 10s.

[60] Cf. Commentaire sur 7,10-17.

[61] Cf. *Supra*, note 39.

est devenu mortel par désobéissance, les disciples doivent donc désobéir à la Loi tout en étant obéissants envers l'Image de leur nature, c'est-à-dire, ainsi le comprenons-nous, au médiateur intérieur qui seul peut manifester leur nature immortelle (cf. EvMar, p. 8,7s). Une telle anthropologie implique donc également le rejet de la doctrine eschatologique du jugement dernier.

b. La Loi-Limite

L'alliance νόμος — ὅρος compose une image intéressante[62]. La Loi du monde inférieur est effectivement une limite pour les êtres de nature spirituelle à qui elle impose sa domination ; il suffit de relever les différents termes, indiquant une idée de lien, qui caractérisent ce monde[63]. Le cosmos est composé d'une variété de parties qui limitent l'intervention du Sauveur et accentuent la discontinuité entre les êtres. De plus, la Loi empêche d'accéder à la connaissance par la recherche puisque le fondement est donné une fois pour toute ; elle s'oppose donc à la demande du Sauveur.

Le terme de *limite* ou de *règle* est plus ambigü lorsqu'il s'agit de décrire le rôle du *Sauveur*. Selon Irénée de Lyon[64], les Valentiniens reconnaissent à la Limite deux activités : « l'une qui consolide, l'autre qui sépare : en tant qu'elle consolide et affermit, elle est la "Croix" ; en tant qu'elle sépare et délimite, elle est la "Limite" ». Aussi, toujours selon les Valentiniens[65], le Sauveur a-t-il donné ce commandement : « Prenant ta croix, suis-moi »[66]. Dans l'EvMar, le Sauveur donne ce même commandement. Il demande en effet aux disciples de suivre le Fils de l'Homme ; mais à la demande de porter la croix, il substitue celle-ci : « N'imposez aucune règle[67] (ou : limite) hormis celle que je vous ai fixée »[68] (8,22 - 9,2). Est-il possible d'identifier ici ὅρος et σταυρός comme chez les Valentiniens, cette croix-limite ayant pour effet d'affirmer les disciples ou de les rétablir dans leur racine en exigeant leur séparation d'avec la Loi du monde inférieur

---

[62] En 18,19-21, les termes ὅρος et νόμος sont encore plus étroitement liés.

[63] Cf. *Infra*, note 151.

[64] *Adv. Haer.*, I, 3, 5, trad. franc., p. 57-59 Rousseau-Doutreleau.

[65] *Adv. Haer.*, I, 3, 5.

[66] Dans quelques manuscrits de l'Évangile de Marc (*Mc*, 10,21), les deux membres de la phrase sont inversés : « Suis moi, prenant ta croix », cf. A. ROUSSEAU, L. DOUTRELEAU, *Irénée de Lyon, Contre les Hérésies*, livre I (*SC*, 263), Paris, 1979, p. 187 (n. 1 *ad* p. 59).

[67] ὅρος : limite ou règle (LS 1255-1256).

[68] ⲧⲱϣ, ὁρίζειν (C 449b) : délimiter, fixer.

qui les asservit? Chez Paul, ceux qui sont au Christ ne sont plus soumis à la Loi : ils ont crucifié la chair avec ses passions et ses désirs (*Ga*, 5,22-25)[69]. L'état lacuneux du texte ne nous permet pas de donner une réponse. L'image d'Horos présenté comme une interprétation de la Passion du Sauveur, comme la *connaissance d'une croix supérieure*[70] (dont la Passion du Christ ne serait qu'un symbole visible) nous intéresse cependant en considération du docétisme que laisse transparaître la doctrine de l'EvMar[71]. Suivre le Fils de l'Homme ne signifie pas en effet pour les disciples : porter la croix et mourir, mais au contraire : trouver le Royaume d'où ils sont issus[72].

L'INTERVENTION DE MARIE

(p. 9,5-10,6)

p. 9,5-12 (Affliction des disciples après le départ du Sauveur)

Au moment de partir, le Sauveur fait don de sa paix aux disciples (8,14-15). Or, loin de les apaiser, son départ, au contraire, les remplit d'affliction (9,5-6) : ils s'interrogent pleins de doute à la pensée que le Révélateur n'est plus là pour leur répondre. Il est donc évident qu'ils n'ont pas compris la révélation du Sauveur; c'est ce que semble confirmer cette déclaration :

> Si Lui n'a pas été épargné, comment, nous,
> le serions-nous? (9,10-12).

Les disciples, en effet, font vraisemblablement ici allusion à *la Passion du Sauveur*, ce qui nous fait penser qu'ils interprètent le commandement fixé par lui — celui de suivre le Fils de l'Homme — en fonction de cet événement, c'est-à-dire dans la perspective des souffrances et

---

[69] Cf. *Adv. Haer.*, I, 24,4, trad. franc., p. 329 Rousseau-Doutreleau : «Si quelqu'un confesse le crucifié, dit Basilide, il est encore esclave et sous la domination de ceux qui ont fait les corps».

[70] Cf. *Adv. Haer.*, I, 18, 5.

[71] Cf. Commentaire sur 9,10-12.

[72] Cf. *L'Apocalypse de Pierre* (ApocPi), p. 81,14-20; p. 82,21-31 : Le Jésus vivant se sépare du crucifié qui est désigné comme celui qui est «sous la Loi». On peut également citer quelques *Extraits* valentiniens : «La CROIX est le signe de la LIMITE dans le Plérôme : car elle sépare les infidèles des fidèles, comme la Limite sépare le monde d'avec le Plérôme» (CLÉMENT D'ALEXANDRIE, *Ext. Théod.*, 42,1, trad., franc., p. 149 Sagnard). La Limite est en contrepartie la Porte : «Par suite, en disant : "C'est moi (Jésus) qui suis la Porte", il exprime ceci : "Jusqu'à la Limite (ὅρος) où je suis, vous viendrez, vous qui êtes de la semence supérieure"» (*ibid.*, 26,2, trad. franc., p. 113 Sagnard).

des persécutions qu'ils auront à subir à l'exemple du Sauveur, lors de l'annonce de l'Évangile[73]. Ils n'ont donc pas compris le sens de ce commandement et n'ont pas engendré en eux la paix que leur procurerait la découverte du Fils de l'Homme présent à l'intérieur de chacun d'eux[74]. Ils ne possèdent donc pas la connaissance intérieure qui leur permettrait d'annoncer *l'Évangile du Royaume du Fils de l'Homme*. Leurs souffrances actuelles ne sont pas liées à celles qu'aurait subies le Sauveur, lors de la Passion.

Un passage de la *Lettre de Pierre à Philippe* (PiPhil) du Codex VIII rapporte presque mot pour mot la déclaration des disciples que nous avons citée plus haut (9,10-12), en l'interprétant dans une perspective docète. En effet, à cette affirmation des autres disciples : «Si lui, notre Sei[gneur], a souffert, à plus forte raison, nous!»[75], Pierre répond : «Il a souffert à cause de [nous] et il nous faut aussi souffrir à cause de notre petitesse»[76]. Puis rempli de l'Esprit, il explique un peu plus loin :

> Notre luminaire, Jésus est descendu et il a
> été crucifié et il a porté une couronne d'épines,
> et il a revêtu un vêtement de pourpre,
> et il a été [cloué] sur du bois, et il a
> été inhumé dans une tombe, et il s'est
> ressuscité des morts. Mes frères, Jésus
> est étranger à cette souffrance, mais c'est
> nous qui avons souffert par la transgres-
> sion de la Mère. Et ainsi, toute chose,
> il l'a accomplie en apparence, par notre
> intermédiaire[77].

Le Sauveur n'a souffert qu'en apparence; la vraie souffrance est celle qu'éprouvent les disciples à cause de leur déficience[78]. Celle-ci a été provoquée par la séparation de Sophia, la mère de tous les spirituels, qui voulut créer, en dehors de l'ordre établi par le Père, c'est-à-dire sans son conjoint, des Éons semblables à ceux des syzygies célestes[79]. Cette explication sur la déficience peut nous aider à

---

[73] Cf. *Mt*, 16,24 : «Si quelqu'un veut venir après moi, ... qu'il porte sa croix et qu'il me suive» (Paroles dites par Jésus après une première annonce de la Passion).

[74] Cf. Commentaire sur 8,15-20.

[75] PiPhil, p. 138,15-16.

[76] PiPhil, p. 138,18-20.

[77] PiPhil, p. 139,15-25, trad. franc., p. 25-27 Ménard.

[78] Dans PiPhil (138,18-20), le mot «petitesse» est utilisé pour désigner la déficience des disciples, cf. J.É. MÉNARD, *La Lettre de Pierre à Philippe*, p. 46.

[79] PiPhil, p. 135,8s. Cf. HypArch, p. 94,4-10.

comprendre l'état d'ignorance dans lequel sont actuellement les disciples dans l'EvMar.

p. 9,12-20 (L'enseignement de Marie : «... Il nous a faits Homme»)

Marie console tout d'abord les disciples qui ont, suivant son expression, le cœur ou l'âme divisée (ϩⲏⲧ ⲥⲛⲁⲩ 9,15-16)[80]. Cette expression ou plutôt les expressions de la dualité, fort nombreuses dans les épîtres du début du christianisme par exemple[81], signifient en général le manque de fermeté, l'absence de résistance aux démentis et aux contradictions et surtout, un manque de fermeté dans l'adhésion à la Loi.

Mais, si la notion de dualité dans cette littérature est liée à celle de péché et peut donc être mise en relation avec la doctrine des penchants dans l'homme[82], et si elle exprime une dualité morale (tendance à faire le bien ou à faire le mal), il ne peut en être ainsi dans l'EvMar. La fermeté dans l'adhésion n'est pas morale; la dualité est ontologique. Elle résulte de l'union de deux natures opposées, matérielle et spirituelle. Elle concerne l'antagonisme entre le corps et l'âme spirituelle et pourrait être liée à la division de l'âme d'avec le *pneuma*[83] opérée lors du mélange avec le corps. L'âme doit choisir entre deux Lois, celle du Fils de l'Homme et celle du Législateur.

L'état de souffrance des disciples est dû à une division intérieure dont le modèle mythique pourrait être celle dont fut l'objet Sophia, séparée de son conjoint mâle[84]. Pour remédier à cette désunion, Marie se référant à l'enseignement du Sauveur, propose aux disciples une doctrine anthropologique précise :

[80] ϩⲏⲧ ⲥⲛⲁⲩ correspond au terme grec δίψυχος, à la διψυχία (C 714b : outre διψυχεῖν, ⲣ ϩⲏⲧ ⲥⲛⲁⲩ peut également traduire διστάζειν ou διακρίνεσθαι). Littéralement, il signifie avoir deux cœurs ou deux âmes.
[81] On retrouve ces expressions de la dualité dans 1 *Clem.*, 11,2; *Épître de Barnabé*, XIX, 5, etc. Selon J. DANIÉLOU, un des caractères de la spiritualité judéo-chrétienne est la place que tient la διψυχία opposée à l'ἁπλότης, c'est-à-dire à la simplicité de l'âme, cf. *Théologie du Judéo-Christianisme*, Tournai, 1958, p. 418-421; également, R. EPPEL, *Le piétisme juif dans les Testaments des Douze Patriarches*, Strasbourg, 1930, p. 126-127 et p. 147s.
[82] Cf. R. EPPEL, *op. cit.*, p. 126-127 et p. 147s. On appelle aussi «δίψυχοι» ceux qui éprouvent des doutes concernant les promesses eschatologiques (les événements de la fin). Dans l'EvMar au contraire, ce sont les disciples, qui n'ont pas compris que le Fils de l'Homme est déjà présent.
[83] Cf. Commentaire sur la doctrine anthropologique transmise par Marie en 10,10s.
[84] Cf. SJC (BG), p. 102,15 - 103,9 : le Sauveur est le parèdre de Sophia, appelée aussi Pistis Sophia.

> car sa grâce vous accompagnera tous
> et vous protégera[85]. Louons plutôt sa
> grandeur car Il nous a préparés, *Il*
> *nous a faits Homme* (9,16-20).

On songe à l'expression utilisée par Irénée de Lyon pour désigner l'incarnation du Verbe, lui qui s'est «*fait homme*» pour sauver le genre humain[86]. Dans l'EvMar au contraire, ce sont les disciples, c'est-à-dire les semences spirituelles descendues dans un corps, qui doivent «devenir Homme»[87]. Comme le Sauveur dans son exhortation, Marie fait ici appel au thème de l'unité androgynique selon lequel l'élément féminin, les semences spirituelles dans la matière, doit retrouver son élément masculin[88]. Pour que l'élément féminin puisse devenir Homme, il faut que ce dernier élément soit sa nature profonde[89].

Si elle s'adresse tout d'abord seulement aux disciples, Marie se joint à eux dans sa déclaration finale: «Il *nous* a faits Homme». Cet enseignement la place au-dessus d'eux; le geste d'élévation par lequel débute son intervention[90], souligne la distinction qui s'établit dès le début entre Marie et les autres et amorce ainsi la seconde partie du texte axée sur le rôle prédominant de celle-ci. Il symbolise également une transformation intérieure; d'auditrice Marie devient instructrice. Elle prend en quelque sorte la place du Révélateur.

p. 9,20-10,6 (Pierre demande à Marie de révéler aux disciples d'autres paroles du Sauveur)

Les exhortations de Marie produisent chez les disciples un mouvement immédiat qui manifeste la puissance de sa parole:

> Par ces paroles, Marie convertit leur
> cœur au Bien et ils se mirent à argu-
> menter sur les paroles du [Sauveur]
> (9,20-23).

[85] Chez Paul (*Rm*, 6,14s), la grâce protège l'homme contre la domination de la Loi.
[86] *Adv. Haer.*, III, 18,7.
[87] Tout le passage, depuis la déclaration des disciples sur les souffrances qu'ils devront subir à l'exemple du Sauveur jusqu'à la réponse de Marie (9,20), pourrait donc exprimer une christologie docète. Pour une définition assez large du docétisme: cf. U. BIANCHI, «Docetism, a Peculiar Theory about the Ambivalence of the Presence of the Divine», in *Myths and Symbols. Studies in Honour of Mircea ELIADE*, Chicago, 1969, p. 266-267.
[88] Cf. EvTh, Logion 114, p. 51,18-26.
[89] La préparation du Sauveur sert à révéler aux disciples cette disposition intérieure. ⲥⲟⲃⲧⲉ (9,19-20) signifie «préparer» mais aussi «affirmer» (ici l'élément féminin déficient), cf. C 323a: ἑτοιμάζειν, ἕτοιμος εἶναι.
[90] «Alors Marie se leva» (9,12-13).

Alors que les disciples sont divisés — ils restent indécis entre deux
Lois, celle du Législateur et celle que leur a prescrite le Sauveur
— Marie les détermine à choisir *le Bien*, c'est-à-dire à obéir au *Sauveur*[91],
conversion qui a le sens d'un mouvement de réflexion intérieure puisque
c'est à l'intérieur d'eux-mêmes que les disciples doivent suivre le Fils
de l'Homme[92]. Ceux-ci commencent donc à argumenter sur les paroles
du Sauveur, répondant ainsi à sa demande[93]. Cette recherche est
avant tout d'ordre intellectuel. Le terme γυμνάζειν, qui signifie ici
discuter ou argumenter, rappelle en effet les exercices scolaires des
gymnases grecs[94].

Pierre demande alors à Marie de révéler aux disciples d'autres
paroles que le Sauveur aurait transmises, à elle en particulier. Cette
demande peut aller dans le sens d'une recherche; mais surtout, elle
a comme fonction d'introduire le discours de révélation de Marie[95].

LA RÉVÉLATION DE MARIE
(p. 10,7 - 17,9)

La vision (p. 10,10-23)

> Moi, dit-elle, je vis le Seigneur en
> vision et je lui dis : Seigneur, je t'ai
> vu en ce jour en vision. Il répondit

[91] «Marie convertit leur cœur au *Bien*» (9,21-22); cf. 7,17-20 : «Voilà pourquoi
le *Bien* est venu au milieu de vous jusqu'aux (éléments) de toute nature *pour la rétablir
dans sa racine*». Le Bien correspondrait donc au Sauveur.

[92] ⲕⲧⲟ ⲉⲣⲟⲩⲛ ⲉ (C 128b), ἀποστρέφειν, ἐπίστρεφειν εἰς : «convertir», semble
bien exprimer un mouvement réflexif et un mouvement d'intériorisation.

[93] «Le Fils de l'Homme est à l'intérieur de vous... *Ceux qui le chercheront*, le
trouveront» (8,18-20).

[94] La scène rappelle également ce passage de l'ApocrJac : «Et ils étaient tous assis
ensemble, les douze disciples et ils se remémoraient ce que le Sauveur avait dit à chacun
d'eux, soit en secret, soit ouvertement et ils le fixaient dans des livres» (2,7-15, trad.
franc., p. 4-5, Malinine).

[95] Nous percevons une discordance entre l'état d'esprit des disciples et leur attitude
après la révélation de Marie (17,10s). En effet, Pierre demande ici à Marie de leur
révéler les paroles du Sauveur qu'eux-mêmes, les disciples, n'ont pas entendues. Il
s'agit donc d'une révélation secrète qui la situe non seulement au-dessus des autres
femmes mais au-dessus des disciples eux-mêmes. Or en 17,15s, Pierre refuse cette
fois de croire que le Sauveur ait pu parler avec une femme à l'insu des autres disciples.
Ce passage (9,20 - 10,10), servant d'introduction à la révélation de Marie pourrait *peut-être*
avoir été composé pour rattacher le récit qui précède à cette révélation, celle-ci ayant
été, selon notre hypothèse, introduite secondairement dans le reste de l'écrit. La
demande de Pierre est amenée assez brusquement. Ce manque de transition pourrait
s'expliquer d'après cette hypothèse. Pour les problèmes de composition : cf. Introduction p. 8s.

> et me dit : Bienheureuse, toi qui ne te
> troubles pas à ma vue car, là où est le
> *noûs*, là est le trésor   (10,10-16).

Dès le début de la vision, un dialogue s'engage entre Marie et le Seigneur. Cependant, l'apparition du Seigneur se traduit immédiatement chez celle-ci, non par la crainte on l'incertitude, mais par une exclamation : «je t'ai vu en ce jour». Cette absence de trouble est le signe d'une paix intérieure; Marie n'éprouve aucun problème d'identification. La vision est soudaine et la reconnaissance, parfaite et immédiate comme une découverte spontanée[96].

a. *La vision du «noûs»*

La première question de Marie, toute dogmatique — celui qui perçoit la vision, la voit-il au moyen de l'âme ou au moyen du *pneuma*? — devait refléter une doctrine connue à l'époque où fut composé ce texte. L'idée du salut obtenu par la réunion de l'âme et du *pneuma* est connue de certains écrits gnostiques ainsi que de quelques philosophes chrétiens. Chez Justin par exemple, le *pneuma* représente la partie supérieure de l'âme, un principe vital dont l'âme doit être la demeure si elle veut être sauvée[97]. Or, le Seigneur répond qu'aucun de ces éléments ne procure la vision et il fait intervenir entre les deux un troisième élément, le *noûs* : «c'est lui qui a la vision» (10,21-23). Au centre de cette doctrine sur l'homme, une sentence très connue est prononcée par le Sauveur :

> là où est le *noûs*, là est le trésor
> (10,15-16)

[96] Cf. *Jn*, 20,18 : Après sa résurrection, le Seigneur apparaît à Marie-Madeleine *qui ne le reconnaît pas immédiatement*. Elle déclare ensuite aux disciples : «J'ai vu le Seigneur, et voilà ce qu'*il m'a dit*»; dans l'EvMar, c'est elle qui engage le dialogue : «je vis le Seigneur en vision et *je* lui dis».

[97] Cf. Justin, *Dialogue avec Tryphon*, 6,2; aussi, *De resurrectione*, *PG*, 6, 1589b Migne : Ψυχὴ ἐν σώματι ἐστιν. Οὐ ζῇ δὲ ἄψυχον σῶμα, ψυχῆς ἀπολειπούσης οὐκ ἔστιν· οἶκος γὰρ τὸ σῶμα ψυχῆς, πνεύματος δὲ ψυχὴ οἶκος. Τὰ τρία δὲ ταῦτα τοῖς ἐλπίδα εἰλικρινῆ καὶ πίστιν ἀδιάκριτον ἐν τῷ θεῷ ἔχουσι σωθήσεται.» L'âme est dans le corps. Or le corps inanimé ne vit pas, il n'existe plus quand l'âme l'a quitté; car le corps est la demeure de l'âme, et l'âme, la demeure du pneuma. Ces trois éléments seront *sauvés* chez ceux qui ont une espérance sincère et une foi aveugle en Dieu». Le *De resurrectione* est quelquefois mis sous le nom de Justin, cf. G. Verbeke, *L'évolution de la doctrine du pneuma du Stoïcisme à Saint Augustin*, p. 422; J.C.M. Van Winden, *An Early Christian Philosopher*, Leyde, 1971, p. 13.

Elle a été utilisée par Clément d'Alexandrie, Justin et Macaire et on la retrouve dans quelques écrits gnostiques[98]. Elle fait donc en quelque sorte figure d'élément isolé dans ce passage puisque l'attention est attirée à première vue sur sa forme, assez ressemblante d'un texte à l'autre, plutôt que sur sa valeur à l'intérieur de chacun des contextes où elle est insérée.

La sentence a pourtant subi des modifications significatives par rapport aux citations de Luc et de Matthieu puisqu'elle a été hellénisée et que les deux membres de la phrase sont inversés.

ὅπου γάρ ἐστιν ὁ θησαυρὸς ὑμῶν,
ἐκεῖ καὶ ἡ καρδία ὑμῶν ἔσται.

Car, où est votre trésor, là aussi *sera*
votre *cœur* (*Lc*, 12,34. Cf. *Mt*, 6,21).

Alors que la signification sémitique ordinaire du mot καρδία est : «tout l'intérieur de l'homme», ce terme étant en quelque sorte utilisé de manière spontanée[99], le passage de καρδία à *noûs* implique que le rédacteur de l'EvMar tenait à transmettre une doctrine anthropologique précise selon laquelle un élément particulier dans l'homme peut acquérir le trésor.

Ensuite, comme chez les Pères, la partie de la sentence qui traite du cœur ou du *noûs* est mise au présent alors que le verbe est au futur chez les Évangélistes. Il nous semble alors que l'inversion ainsi que les transformations sont également dues à une exégèse différente, du moins en ce qui concerne l'EvMar.

En effet, chez Luc et Matthieu, tout le contexte évoque un trésor situé dans les cieux (en opposition à un trésor matériel), trésor que les disciples doivent commencer à amasser dès maintenant mais dont ils ne pourront profiter que dans le futur, dans le Royaume des cieux[100]. Autrement dit, chacun ne pourra retourner un jour là où est son trésor que s'il est parvenu par ses actes ou par sa vertu à l'amasser.

Dans l'EvMar, cette sentence peut certainement être mise en relation avec la présence du Royaume du Fils de l'Homme, à l'intérieur de chacun des spirituels : le trésor n'est donc pas dans les cieux — du

---

[98] Cf. Appendice I, p. 101-103.

[99] Cf. *Infra*, note 193.

[100] La métaphore du trésor était très utilisée dans la littérature juive, cf. IV *Esdras*, 7,77 : «Tu possèdes *un trésor d'œuvres* déposé auprès du Très-Haut, mais il ne te sera montré qu'aux derniers jours»; également, *Le Testament de Lévi*, 13,5 et 19,21. Ce thème est ici relié à l'idée de la *rémunération eschatologique*, dans l'Éon *à venir*.

moins pas dans les cieux du monde matériel — à l'instar du Royaume. Le présent traduit une intériorisation et la proximité du trésor.

Que peut alors symboliser l'inversion de la phrase? Dans l'EvMar, le *noûs* ne représente pas l'homme tout entier ou même un élément de l'homme (le cœur) devant retrouver un jour le trésor; il n'y a plus de division entre le trésor que l'homme doit acquérir peu à peu et l'homme lui-même, entre le trésor et cette partie dans l'homme qu'est le *noûs*: *le noûs est le trésor*. Le trésor est un élément intérieur que le disciple n'a pas besoin d'acquérir par une activité morale mais qu'il possède déjà en lui par nature et qu'il doit découvrir [101].

C'est donc l'intellect (le *noûs*) qui conduit à la gnose; le texte opte pour la tradition spirituelle de la connaissance par le *noûs* plutôt que pour celle de la connaissance pneumatique: le *noûs* est identifié au trésor, il est le principe de la vision [102], il rend inébranlable [103] et il procure la félicité (Marie est dite bienheureuse) [104].

Nous pouvons donc conclure que si Marie a la vision du Seigneur, c'est grâce au *noûs*, ou plus précisément, puisque c'est le *noûs* lui-même qui voit, que Marie est devenue *noûs* ou νοερά: elle possède donc le trésor.

Or, il est dit de plus par le Seigneur, que celui qui voit, en l'occurrence le *noûs*, ne voit ni par l'âme ni par le *pneuma*; la phrase s'arrête ici brusquement mais il est possible, à notre avis, de poursuivre la doctrine qui est ici évoquée, en se basant sur le début de la phrase ainsi que sur les théories pouvant se rattacher à la vision par le *noûs*. Selon certaines de ces doctrines, en effet, la vision par l'intellect est autoptique: le *noûs* voit en se retournant sur lui-même. Il a en lui-même la lumière. Ce recueillement sur soi se traduit en général par le verbe ἐπιστρέφω ou par προσέχω [105]. Dans *CH* I, le disciple dit au *Noûs*

---

[101] De plus, l'absence de pronom possessif dans l'EvMar indique que le *noûs* représente beaucoup plus que l'individu ou l'âme individuelle (là où est *le noûs*).

[102] Cf. Appendice II, p. 103-104, sur la métaphore du *trésor*, symbole de la *vision*.

[103] Cf. EvMar, p. 10,14-15, C 109a, ⲁⲧⲕⲓⲙ: ἀκλινής.

[104] La théorie de la vision par le *noûs* est connue depuis Platon: l'intellect, au début de notre ère et particulièrement avec le moyen-platonisme, se laisse aller au mysticisme et devient l'intellect intuitif mystique, image qui se développera jusqu'à Plotin. Seul le *noûs* peut avoir la vision et Dieu, selon l'expression d'Albinus, est ἄρρητος καὶ νῷ μόνῳ ληπτός (*Didaskalikos*, 10, p. 165,4 Hermann), c'est-à-dire qu'il est au-dessus de la parole, ineffable, mais qu'il peut aussi être saisi par l'intellect.

[105] Cf. LS 661b: ἐπιστρέφω εἰς ou πρὸς ἑαυτόν, se dit du *noûs*, «réfléchir» ou «faire réflexion». LS 1512a: προσέχω (ἑαυτῷ προσέχειν τὸν νοῦν) «porter son attention sur soi», «se penser soi-même». Sur le mouvement circulaire du *noûs*, cf. Platon, *Timée* 90d; *Symposium* 174d; Philon, *De Gigantibus*, 8.

Poimandres : «je vois dans mon *Noûs* (ἐν τῷ Νοῖ μου)»[106]. C'est aussi bien le *Noûs* pris absolument, l'instructeur Poimandres (ἀπὸ τοῦ Νοός μου, τουτέστι τοῦ Ποιμάνδρου : «de mon *Noûs*, c'est-à-dire de Poimandres»)[107], que le *Noûs* en l'homme[108]. L'«ἔννους ἄνθρωπος» est celui qui se reconnaît lui-même[109]. Bref, il y a similitude entre celui qui connaît et l'objet connu : l'intellect (le *noûs*) ne se laisse contempler que par l'intellect.

La situation du *noûs*, à la fois principe de clairvoyance et intermédiaire (il est situé entre l'âme et le *pneuma*), semble bien le définir comme un élément sauveur. Il est un médiateur entre deux éléments qu'il réunit : il y a en effet vision parce que le *noûs* est situé entre l'âme et le *pneuma*.

Marie voit le *Seigneur* en vision. Or, c'est le *noûs* qui perçoit la vision et c'est lui qui se réfléchit. Vision du *Seigneur* et vision du *noûs* se confondent donc : Marie, *noûs* ou νοερά voit en elle le *noûs* ou le Seigneur. Elle a engendré en elle la paix.

L'affirmation du Sauveur — celui qui voit, ne voit ni au moyen de l'âme ni au moyen du *pneuma* (10,20-21) — met en évidence une dissociation à l'intérieur de l'homme. Ni l'âme ni le *pneuma* ne peuvent par eux-mêmes atteindre la vision.

b. *L'âme*

Le premier de ces éléments, l'âme, peut généralement se définir, d'après plusieurs textes gnostiques, comme un élément déchu, d'origine spirituelle (âme universelle se détachant du Plérôme et désirant se créer un monde à elle dont une partie de la puissance sera donnée ou capturée par le Démiurge qui l'insufflera dans le corps de l'homme, lors de la création[110]). Dans l'EvMar, l'âme a été dominée et soumise à la passion (15,4-8); elle est adultère. En 16,14-18, nous apprenons qu'elle a été liée à l'homme — charnel ou terrestre — dont elle a été délivrée[111]. D'après le texte même, elle peut être sauvée, contrairement à d'autres systèmes dans lesquels l'élément pneumatique doit se dépouiller de son vêtement psychique au cours de sa remontée.

---

[106] *CH*, I,7.
[107] *CH*, I,30.
[108] Cf. La note 17, p. 18 de A.D. NOCK, A.-J. FESTUGIÈRE, *Hermès Trismégiste*, t. I, Paris, 1978.
[109] *CH*, I,21.
[110] Cf. *ApocrJn* (BG), p. 36,16-39,1 et p. 51,1-20.
[111] Cf. Commentaire sur 16,1-17,7.

Car, outre le fait que le *noûs* a fonction de lien entre l'âme et le *pneuma*, le récit de l'ascension nous montre celle-ci traversant sans difficulté les quatre hiérarchies célestes pour enfin atteindre le repos dans le Silence. Elle se sauve donc ou du moins, une partie d'elle-même devenue intelligible (*noûs*) et pneumatique (*pneuma*).

Il s'agit donc ici de l'âme spirituelle ou lumineuse telle que nous la présente par exemple la *Prière de l'Apôtre Paul* (PrPaul) du Codex I. Ce texte, malgré des différences notables avec l'EvMar, présente les mêmes subdivisions dans l'homme qui est composé d'un corps, d'une âme lumineuse et d'un *pneuma*, les deux derniers éléments devant être sauvés par le *Noûs* défini comme le lieu du trésor et du Plérôme[112] :

> ... sauve mon âme lumineuse [à] jamais, avec
> mon esprit (*pneuma*)[113].

c. Le «*pneuma*»

Dans l'EvMar, le *pneuma* semble bien être une entité supérieure (sa situation en troisième place le laisse croire) qui n'est pas nécessairement soumise à la passion comme l'âme, mais ayant tout de même besoin d'être réveillée[114]. L'homme, dans l'EvMar, serait donc composé d'un élément sauveur central qu'il lui faut chercher et de deux autres éléments également spirituels, mais ne pouvant par eux-mêmes se réunir.

Outre PrPaul du Codex I dont le passage sur le *pneuma* a été cité plus haut[115], un extrait de l'ApocrJac du même codex nous paraît présenter une doctrine semblable sur le salut du *pneuma* :

> En effet, sans l'âme le corps ne pèche pas,
> de même que l'âme ne sera point sauvée sans
> l'esprit (*pneuma*). Mais si l'âme est, dé-
> pouillée du mal, sauvée, et si est aussi sau-
> vé l'esprit (*pneuma*), le corps est sans péché[116].

Un passage de la SJC[117] nous présente le mythe de descente d'un élément spirituel dans la matière, descente au cours de laquelle cette semence supérieure s'individualise et prend forme dans le monde maté-

---

[112] Cf. PrPaul, p. 1,A,4-6.

[113] PrPaul, p. 1,A,20-21, cf. Le Traité Tripartite (TracTri), t. 2, trad. franc., p. 249 Kasser.

[114] Il s'agit ici, à notre avis, d'une pneumatologie spiritualiste et non pas du pneuma matériel, véhicule de l'âme et intermédiaire entre le corps et l'âme, de certains textes hermétiques.

[115] Cf. Note 113.

[116] ApocrJac, p. 11,38-12,5, trad. franc., p. 23-25 Malinine. Cf. *Supra*, note 12 du commentaire.

[117] SJC (BG), p. 119,2-120,3.

riel. Le texte nous renseigne donc sur la formation progressive du composé humain et est susceptible de fournir quelques explications sur le *pneuma*. C'est peut-être en effet à partir de textes ou de passages plus spécifiquement mythologiques que l'on pourra comprendre les éléments de psychologie tant il est vrai que ce sont les mythes d'origine et les mythes de chute qui fondent la sotériologie. En outre, les personnages dans un mythe ne sont souvent que la projection des éléments charnels, psychiques et spirituels dont est composé l'homme.

Suite à une question de Marie-Madeleine[118] sur le lieu d'origine, sur la destination et *le rôle des disciples ici-bas*, le Sauveur répond :

> Hors des Éons qui sont au-delà des émanations
> de lumière, ..., une goutte issue de la lumière
> et du *pneuma* descendit vers les régions infé-
> rieures du Tout-Puissant du chaos, afin
> qu'à partir (du modèle) de cette goutte, il
> fasse apparaître leurs modelages (ⲡⲗⲁⲥⲙⲁ),
> dans le but de provoquer le jugement de l'Ar-
> chigénétor que l'on appelle Ialdabaoth. Cet-
> te goutte devint visible dans leurs modelages
> (ⲡⲗⲁⲥⲙⲁ), grâce au souffle (de l'archonte)
> sous forme d'une âme vivante (ⲟⲩⲯⲩⲭⲏ ⲉⲥⲟⲛⲍ).
> Elle languit et s'endormit dans l'oubli de l'âme.[119]

Nous apprenons alors un peu plus loin que l'homme est devenu psychique : « mais, parce qu'il est devenu psychique, il n'a pas pu obtenir pour lui cette puissance »[120]. Le Sauveur déclarant à Marie et aux autres disciples qu'il les a informés sur l'*Homme immortel*[121], poursuit :

> C'est pourquoi je suis venu en ce lieu pour
> qu'ils (les disciples devenus psychiques,
> c'est-à-dire les âmes) puissent être réu-
> nis au *pneuma* et au souffle et pour que de
> deux qu'ils sont, ils deviennent un, un seul
> comme dans le commencement[122]

Ce passage de la SJC est un commentaire sur l'origine des disciples (cf. La question de Marie-Madeleine), c'est-à-dire de la semence pneumatique et lumineuse issue de l'*Homme immortel*, et sur leur descente dans le monde inférieur. Quel est le but de cette descente ou en d'autres mots, *le rôle des disciples*?

[118] SJC (BG), p. 117,12-17.
[119] Cf. *Supra*, note 117.
[120] SJC (BG), p. 121,6-9.
[121] SJC (BG), p. 121,13-15.
[122] SJC (BG), p. 122,5-12.

Il nous semble utile d'évoquer ici les événements antérieurs qui ont déterminé cette descente. D'après plusieurs textes gnostiques, en des temps primordiaux se produisit la chute ou l'emprisonnement d'une puissance supérieure dans la matière : possession par le Démiurge d'une partie de la puissance de la mère par exemple, puissance qui se trouve emprisonnée le jour où le Démiurge déclare qu'il n'y a pas d'autre Dieu que lui, déclaration audacieuse qui provoque une coupure entre le monde supérieur et le monde inférieur[123]. L'âme étant ainsi emprisonnée, *un plan de salut* est alors élaboré à partir du monde supérieur : *la création de l'homme*.

Le processus de création débute par l'envoi d'une goutte de lumière et de *pneuma*. Cet envoi a en effet pour but d'inciter le Démiurge, par la fabrication d'un homme à l'image de cette goutte (le Démiurge ne fait qu'imiter ce qu'il voit), à se départir de la puissance psychique qu'il détient de la mère. Le *pneuma* est donc à l'origine de la création de l'homme, c'est-à-dire à *l'origine du processus de salut* : c'est ici un élément sauveur[124].

Le passage représente de façon détaillée la formation du composé humain dont les éléments sont le $\pi\lambda\acute{\alpha}\sigma\mu\alpha$, l'âme et enfin, l'élément pneumatique et lumineux.

Le $\pi\lambda\acute{\alpha}\sigma\mu\alpha$ ou le modelage

Il représente vraisemblablement ici la structure matérielle de l'homme. Dans plusieurs écrits gnostiques, il est façonné par l'ensemble des Archontes ou des Puissances du monde inférieur. L'Archigénétor fait ici apparaître les modelages des disciples (ou leurs modelages fabriqués par les Archontes), à partir du modèle de la goutte de *pneuma*, en descente vers le monde du chaos. Ce thème correspond dans d'autres écrits, à la fabrication de *l'homme terrestre* qui n'est qu'une contre-façon de l'Homme immortel dont l'Image apparaît dans les eaux inférieures[125].

L'âme

L'âme serait cette puissance *à l'image de la mère*, qui est détenue par le Démiurge ou l'Archonte *déchu* : elle est donc un élément déchu. Les créatures du Démiurge restant inertes, celui-ci leur fait don de sa puissance (celle de la mère : l'âme), ce qui provoque sa propre condam-

---

[123] Cf. ApocrJn (BG), p. 44,13-15 ; aussi p. 38,15 - 39,1. *La Prôtennoia Trimorphe* (PrôTri), p. 43,35-44 ; SJC (BG), p. 125,15-19.
[124] Cf. Aussi SJC (BG), p. 103,10 - 104,18.
[125] Cf. ApocrJn (BG), p. 47,14 - 48,17.

nation puisqu'il se désiste ainsi de sa force; il ne peut donc plus accéder au salut. *L'homme psychique* serait un homme «à l'image», image féminine cependant à qui il manque sa partie mâle ou son image mâle.

Le pneuma

Une goutte de *pneuma* (semence de *l'Homme immortel*) apparaît donc dans les modelages, grâce au souffle de l'âme par le Démiurge et à son insu ou à la suite de l'insufflation de l'âme par le Démiurge puisque le *pneuma* n'est venu que pour sauver l'âme descendue dans le corps. L'homme est devenu une âme vivante, c'est-à-dire une âme pneumatique. Il y aurait ici une réinterprétation de *Gn*, 2,7 (ογψγχн εcon2).

La semence pneumatique, qui représente la vraie nature des disciples, est venue retrouver l'âme dont elle est le conjoint ou la partie supérieure (EvPhil). Cependant, ce premier élément sauveur sombre dans l'oubli de l'âme. Le *pneuma* est ainsi un élément caché à l'intérieur de l'homme, endormi, passif ou enivré selon les textes, ne pouvant *provisoirement* se sauver par lui-même. C'est pourquoi les disciples sont, pour le moment, des êtres psychiques. Un deuxième Sauveur est donc nécessaire pour les réveiller, un instructeur, afin que soit réunie l'âme au *pneuma*; ce dernier, prenant alors conscience de son rôle, poursuit enfin l'œuvre de salut.

Ce passage[126] est susceptible de fournir une explication sur le rôle du *pneuma* dans notre texte, si peu clair à cet endroit étant donné les lacunes, et nous permet de formuler l'hypothèse suivante. Grâce à la vision du *noûs*, Marie est devenue pneumatique; elle a retrouvé en elle cet élément: la connaissance de son origine et de son rôle ici-bas qui est d'être un sauveur. «Celui qui voit est celui qui révèle»[127]; cette union de Marie et du Seigneur, du pneuma et du *noûs* (ou de l'âme pneumatique et du *noûs*) fait d'elle un révélateur. Tout comme dans la *Pistis Sophia*[128], où il est dit que celui dont le *pneuma* bouillonne ou est devenu intelligent (voερός) peut proférer l'explication des paroles dites par le Sauveur, *Marie peut annoncer l'Évangile*.

---

[126] On ne peut, bien sûr, comparer l'ensemble des deux écrits. Cependant la SJC présente un contexte sotériologique et anthropologique susceptible de nous intéresser: le Royaume se nomme, comme dans l'EvMar, le Royaume du Fils de l'Homme (SJC [BG], p. 101,6-7), l'Homme étant celui qui a engendré le *noûs* (SJC [BG], p. 98,16-18).

[127] Cf. DialSauv, p. 126,5s.

[128] Cf. *Pistis Sophia*, livre I, chap. 61, p. 120,16-18 Schmidt-MacDermot.

L'ascension de l'âme (p. 15,1 - 17,7)

a. *Le cadre de l'ascension*

La révélation de Marie, brusquement interrompue à la fin de la page 10, reprend en 15,1 (il manque en effet les pages 11 à 14). Poursuivant donc sa révélation, Marie présente aux disciples la division la plus haute du cosmos inférieur, les cieux :

> *Colère* (septiforme)
> *Ignorance*
> *Désir*
> [*Ténèbre*]

Au cours de son ascension, l'âme rencontre successivement quatre Puissances, dont la quatrième, c'est-à-dire la plus élevée, a sept formes. Étant donné l'état lacuneux de cette partie de l'écrit, nous ne possédons plus la description du passage de l'âme dans la première sphère céleste. En effet, à la reprise du texte, en 15,1, l'âme entre dans la deuxième sphère, celle du Désir. Il est cependant possible de retrouver le nom de la Puissance qui précède le Désir puisque les *trois* premières *formes* de la quatrième et dernière Puissance, la Colère, semblent bien correspondre aux *trois* premières *Puissances* en ordre ascendant. Les trois premières *formes* de la Colère se nomment en effet : Ténèbre, Désir, Ignorance, le Désir et l'Ignorance servant également à désigner la deuxième et la troisième *Puissance* que l'âme doit traverser. Le nom de la première serait donc la Ténèbre.

La quatrième Puissance, qui contiendrait en elle la puissance des trois premières, est formée pour le reste d'éléments disparates :

Ténèbre	— Désir	— Ignorance	— Jalousie	— Royauté	— Folle Sagesse	—Sophia coléreuse
			de la	de la	charnelle	
			Mort	Chair		

Les sept formes de la Colère

Le caractère composite du système des Puissances, dans lequel nous croyons reconnaître un remaniement, nous incite à émettre une hypothèse : l'EvMar présenterait une ascension de l'âme à travers quatre degrés, relue à la lumière d'un système secondaire composé de sept Puissances. Puisqu'il s'agit avant tout d'une ascension au cours de laquelle l'âme rencontre successivement quatre Puissances (le nombre sept ne représentant ici que les sept formes qui composent la quatrième Puissance), c'est donc le système à quatre degrés qui est déterminant. *Le système primaire* serait donc formé de *quatre Puissances* ou de quatre degrés célestes.

Plusieurs indices d'ordre littéraire nous font penser à une relecture. Le récit du passage de l'âme dans la sphère de la plus haute Puissance septiforme ne débute pas en effet comme les récits précédents. Car, alors que dans ceux-ci, le nom de chaque Puissance, Désir ou Ignorance, était donné dès l'arrivée de l'âme, et qu'on y abordait immédiatement après, la narration des dialogues entre celles-ci et l'âme, le passage à travers la sphère céleste de la quatrième Puissance débute singulièrement par la description des sept formes de cette Puissance, *sans que celle-ci soit nommée tout d'abord*, cette description se terminant par l'explication suivante : «Telles sont les sept formes de la Colère qui pressent l'âme de questions» (16,12-14). La Puissance étant enfin désignée, suit alors la narration des dialogues avec l'âme, tout à fait semblables, par la construction et le vocabulaire, aux dialogues des récits précédents.

Ce manque d'unité nous incite donc à considérer tout le passage décrivant les sept formes de la dernière Puissance comme une glose interpolée par un autre rédacteur — ou par le même rédacteur (de 16,4 jusqu'à l'explication finale en 16,12-14) — et l'explication finale comme une phrase crochet qui aurait été composée pour tenter de rattacher cette description au reste du récit.

Outre ces indices, le caractère composite des sept appellations qui viennent s'ajouter au nom de la Colère, nous invite à penser en ce sens.

Il semble en effet que le rédacteur, pour composer les noms des trois dernières formes de la Colère, ait utilisé une figure de rhétorique fort répandue dans l'antiquité, appelée «concaténation» ou «enchaînement»[129]. Elle est caractérisée par la répétition d'un terme choisi dans la phrase, ou plutôt comme ici dans la dénomination précédente, pour former une nouvelle dénomination, et ainsi de suite de la seconde à la troisième et de la troisième à la quatrième, tous les termes s'enchaînant ainsi jusqu'au dernier, tels, ici : Colère, Sagesse, Chair et Royauté :   la *Colère*
    la *Sophia coléreuse*
    la folle *Sagesse charnelle*
    la Royauté de la *Chair*

---

[129] Sur cette figure de rhétorique, cf. M. DIBELIUS, *James, A Commentary on the Epistle of James*, p. 94s.

Après avoir considéré ces indices d'ordre littéraire, on peut alors se demander comment a pu procéder le rédacteur pour former la dernière Puissance. Comme on l'a vu, les trois premières formes répètent les noms des trois premières Puissances en ordre ascendant. Or, pour compléter sa liste de sept entités, il se pourrait que le rédacteur se soit inspiré d'une liste que l'on retrouve dans l'ApocrJn selon la version du BG 8502[130].

EvMar : 16,5s		ApocrJn : 43,6s et 49,11s	
La Ténèbre		La Providence	
Le Désir		La Divinité	
L'Ignorance		La Seigneurie	
La Jalousie de la Mort :	ⲡⲕⲱϩ ⲙⲡⲙⲟⲩ	Le Feu :	ⲡⲕⲱϩⲧ
La Royauté de la Chair :	ⲧⲙⲛⲧⲉⲣⲟ ⲛⲧⲥⲁⲣⳅ	La Royauté :	ⲧⲙⲛⲧⲣⲣⲟ
La folle Sagesse charnelle :	ⲧⲙⲛⲧⲥⲁⲃⲏ ⲛⲥⲉϭⲏ ⲛⲥⲁⲣⳅ	La Sagesse :	ⲧⲥⲩⲛⲉⲥⲓⲥ[131]
La Sophia coléreuse :	ⲧⲥⲟⲫⲓⲁ [ⲛ]ⲣⲉϥⲛⲟⲩϭⲥ	La Sophia :	ⲧⲥⲟⲫⲓⲁ

Le rédacteur pourrait donc avoir emprunté les trois derniers noms de cette liste et peut-être le quatrième. La confusion est possible entre ⲡⲕⲱϩ, «la jalousie» et ⲡⲕⲱϩⲧ, «le feu», quoique, à notre avis, «la jalousie de la mort» soit un thème trop connu dans la littérature gnostique pour être le fruit d'un hasard ou d'une erreur. Cet emprunt possible suggère une fois de plus l'hypothèse d'un remaniement. On peut cependant remarquer dans la liste de l'EvMar, des additions aux noms des dernières Puissances que l'ApocrJn ne donne pas. La liste de l'ApocrJn en effet, est formée de Puissances dont les attributs sont *positifs* (Providence, Divinité, etc.) tandis que le début de celle de l'EvMar est composé de Puissances *négatives* ou adverses (Ténèbre, Désir, Ignorance). Le reste de la liste, qui dans cet écrit pourrait avoir été emprunté à l'ApocrJn[132], aurait donc été remanié en fonction du caractère négatif des premières Puissances.

---

[130] Cf. W.C. TILL, H.-M. SCHENKE, *Die gnostischen Schriften*…, p. 44s. Il y aurait également des ressemblances entre les quatre Puissances de l'EvMar et les quatre éléments avec lesquels les Puissances forment le corps d'Adam, dans l'ApocrJn (BG), p. 54,11 - 55,13 : la Matière, la *Ténèbre*, le *Désir* et l'Antikeimenon Pneuma.

[131] Cf. C 319a, ⲧⲙⲛⲧⲥⲁⲃⲏ : σύνεσις.

[132] Cette partie de la liste de l'EvMar pourrait également avoir été empruntée à une source commune aux deux écrits.

Deux questions viennent alors à l'esprit concernant le système des Puissances dans notre texte.

Premièrement, étant donné le caractère composite de la quatrième Puissance (qui reprend dans ses formes les noms des trois premières), on peut se demander quel système le rédacteur voulait reproduire. Des conjectures ont été avancées à ce sujet par A.J. Welburn[133]. D'après cet auteur, le système des Puissances dans l'EvMar correspondrait à celui de Saturnin dont la doctrine inspirée, semble-t-il, de *Col*, 1,16, nous est transmise entre autres par Irénée[134].

Il nous paraît difficile de retenir l'ensemble des conjectures sur un emprunt possible à Saturnin; une idée nous intéresse cependant puisqu'elle peut etayer l'hypothèse d'une relecture. Selon les conjectures de Welburn en effet, Saturnin aurait utilisé l'ordre chaldéen dans sa description des Puissances. D'après ce système astronomique, le soleil est situé au *quatrième rang* et il contient en lui l'essence des six autres planètes. C'est donc, selon cet auteur[135], ce que montrerait le récit de l'ascension dans l'EvMar. L'âme doit y affronter les Puissances des différentes planètes : Désir (Vénus), Ignorance (Mercure), la quatrième Puissance centrale étant la *Jalousie de la Mort* (Soleil) (le début de la séquence, réservé à la Lune, est évidemment perdu).

Or, dans l'EvMar, il ne semble pas y avoir de spéculations qui appelleraient une interprétation basée avant tout sur l'astronomie. Car, c'est, dans cet écrit, la description d'une ascension à quatre degrés qui est déterminante. En conséquence, il nous semble difficile, tout comme chez Saturnin d'ailleurs[136], d'interpréter un système de quatre cieux à partir du thème de la semaine planétaire ou de l'astronomie chaldéenne basée sur le nombre sept. L'hypothèse de

---

[133] A.J. WELBURN, «The Identity of the Archons in the Apocryphon Joannis», *VC* 32 (1978) 241-254.

[134] *Adv. Haer.*, I,24,1, trad. franc., p. 321 Rousseau-Doutreleau : «Pour Saturnin, tout comme pour Ménandre, il existe un Père inconnu de tous, qui a fait les Anges, les Archanges, les Vertus et les Puissances. Sept d'entre ces Anges ont fait le monde et tout ce qu'il renferme». Welburn interprète ainsi le texte d'Irénée : le quatrième rang supérieur appartiendrait aux sept Puissances (ἐξουσίαι) qui ont créé le monde. Cette doctrine se retrouverait selon lui dans l'EvMar, par la représentation des sept formes du quatrième Archonte.
Or, l'EvMar ne présente que des Puissances et non quatre hiérarchies différentes. En outre, ces Puissances dominent le monde inférieur et n'ont donc vraisemblablement pas été créées directement par le Père.

[135] Cf. ID., *ibid.*, p. 246-247.

[136] Sur l'introduction tardive de la semaine planétaire en Orient, cf. S. PÉTREMENT, «Le mythe des sept archontes créateurs peut-il s'expliquer à partir du christianisme?», in *Le origini dello gnostiscismo, Colloquio di Messina*, Leyde, 1967, p. 470 et 478-481.

Welburn n'explique en effet pas pourquoi les trois premières Puissances sont nommées deux fois alors que les trois dernières ne le sont qu'une fois (Royauté de la Chair, folle Sagesse charnelle, Sophia coléreuse). De plus, si l'on suit cette hypothèse, la quatrième Puissance porterait deux noms, ce qui est singulier : *la Jalousie de la Mort* et *la Colère*.

En revanche, la solution de Welburn pourrait expliquer pourquoi le rédacteur, désirant remanier le système primaire de quatre degrés et le remplacer par le système chaldéen ou un autre de ce genre, a modifié en conséquence la quatrième Puissance, celle qui représente le Soleil, pour lui donner sept formes (celles des sept planètes); elle expliquerait pourquoi ce rédacteur a dû intégrer les noms des trois premières Puissances pour composer la quatrième (puisque celle-ci, le Soleil, les contient en elle-même) et a dû aussi emprunter ailleurs les noms des autres entités pour arriver au nombre sept puisque le système primaire à quatre degrés ne les lui fournissait évidemment pas. L'interprétation au plan de l'astronomie serait donc plutôt une relecture secondaire.

Deuxièmement, même s'il a emprunté les noms de certaines entités, le rédacteur ne s'est pas contenté de reproduire un modèle connu; il a ajouté des qualificatifs susceptibles d'attirer notre attention car ils semblent bien être particuliers à notre texte. Que peuvent-ils signifier?

L'épithète ajoutée à la septième forme, la Sophia qui est dite *coléreuse*, répète le nom principal de la plus haute Puissance, *la Colère*. Car, si le système sept est secondaire par rapport à celui des quatre Puissances, il est fort possible que le premier nom de la quatrième Puissance ait été la Colère et le rédacteur pourrait alors s'en être inspiré pour fabriquer le nom composé de la Sophia. Qu'en est-il des autres dénominations? Le nom de la quatrième forme, la Jalousie de la Mort, pourrait faire référence au thème de la jalousie de Ialdabaoth à l'égard de Sabaoth :

> ... il fut jaloux de lui[137].
> Et la jalousie engendra la mort; puis la
> mort engendra ses fils. Elle les installa
> chacun sur son ciel. Tous les cieux
> du chaos furent emplis de leur nombre[138].

> (Il) fut jaloux de lui. Et dès qu'il
> se fut mis en colère, il enfanta la mort
> à partir de sa mort[139].

---

[137] HypArch, p. 96,5, trad. franc., p. 71 Barc.
[138] HypArch, p. 96,8-11, trad. franc., p. 71 Barc.
[139] Ecr sT, p. 106,19-24, trad. franc., M. TARDIEU, *Trois Mythes gnostiques*, p. 308.

La jalousie de l'Archonte entraîne la jalousie des Puissances à l'égard de l'Homme immortel; ce thème correspondrait au contexte de l'EvMar où la Jalousie de la Mort exerce son désir de possession sur l'âme. Dans *l'Apocalypse d'Adam* (ApocAd), les Puissances du monde inférieur manifestent leur colère contre l'homme, lorsqu'elles découvrent qu'il leur est supérieur[140].

Peut-on trouver une valeur organisatrice dans ce système? Y a-t-il détachement progressif de l'âme? Que peuvent symboliser les différentes passions? Le texte n'est pas explicite là-dessus. Tout au plus peut-on noter que la colère et la jalousie expriment la transcendance du Dieu de l'Ancien Testament[141], et qu'elles pourraient de ce fait suggérer l'idée d'une gradation dans le système des Puissances. Cependant, comme il s'agit ici de Puissances inférieures ayant comme fonction d'entraver l'âme dans sa fuite, nous pensons plutôt que le rédacteur a voulu reproduire un système mythique précis qu'il serait vain toutefois de comparer avec d'autres systèmes infiniment plus complexes[142]. Nous pouvons seulement faire remarquer que ces dénominations — et, en fait, les noms des quatre premières Puissances, celles du système primaire selon notre hypothèse — sont des hypostases de *Ialdabaoth*, les deux noms possibles de la quatrième Puissance (Colère et Jalousie de la Mort) désignant tous deux cet Archonte.

Les qualificatifs attribués aux trois dernières Puissances attirent également l'attention par leur insistance sur des thèmes inspirés de certaines épîtres pauliniennes: la *Chair* (la Royauté de la Chair, la folle Sagesse charnelle), la *Colère* et même la *Mort* qui est la plus haute Puissance du cosmos dans quelques épîtres (*Rm*, 5,14; 1 *Co*, 15,26. 55)[143].

---

[140] ApocAd, p. 77,4-10. La jalousie est le péché des Archontes et plus précisément du premier Archonte, le Dieu de l'A.T., cf. A. ORBE, «El pecado de los Arcontes», *Estudios ecclesiasticos* 43 (1968) 345-379.

[141] *Ez*, 36,5s; *Is*, 46,9: «Oui, c'est moi qui suis Dieu, il n'y en a pas d'autre». Sur le thème de la jalousie de la mort, cf. *Sag*, 2,24: «Mais par la jalousie du diable la mort est entrée dans le monde».

[142] Nous avons relevé dans la littérature gnostique quelques témoignages, rares et peu explicites, sur un système de quatre cieux ou de quatre Puissances sans pouvoir toutefois tirer de conclusions précises sur l'origine d'un tel système, cf. Appendice III, p. 104-106.

[143] Le mot «chair», σάρξ n'a pas habituellement un sens péjoratif dans le N.T. Chez Paul, il peut cependant prendre le sens d'un anti-*pneuma*. La chair représente en ce sens une Puissance dans le monde et elle est la racine du péché, cf. 1 *Co*, 5,5; *Ga*, 3,2-3; 4,29; etc.

C'est pourquoi une expression comme «la folle Sagesse charnelle» (EvMar, p. 16,10-11) a retenu l'attention de W.C. Till[144] qui note l'analogie avec la σοφία σαρκική de 2 *Co*, 1,12. Ces épithètes inciteraient cependant à nous référer non pas à cette seule expression — l'ensemble de l'expression de l'EvMar ne se retrouve pas telle quelle chez Paul — mais également aux passages de la première *Épître aux Corinthiens* sur la sagesse qui a été rendue folle (1 *Co*, 1,17 - 3,23). Le rédacteur procède en effet plutôt par allusions thématiques que par citations.

> Je détruirai la sagesse des sages et j'anéan-
> tirai l'intelligence des intelligents. Où est
> le sage? Où est le docteur de la Loi? Où est
> le raisonneur de ce siècle? Dieu n'a-t-il pas
> rendu *folle la sagesse du monde*?
> (1 *Co*, 19-20)

Et en 1 *Co*, 1,26, Paul précisera qu'il s'agit des *sages selon la chair*.

Chez Paul, la colère est une hypostase au même titre que la Loi, le péché, la mort ou la chair: «*Car la Loi produit la colère*»[145] (*Rm*, 4,15). La chair et la colère s'intègrent donc à l'intérieur du même schéma polémique contre la Loi que l'on retrouve dans le discours du Sauveur[146].

À partir de dénominations fréquemment utilisées dans les textes gnostiques (Désir, Ténèbre, etc.) ou même d'un système mythique connu (Ialdabaoth et ses fils? Puissances de l'ApocrJn?), le rédacteur pourrait avoir voulu, à l'aide de ces ajouts qui semblent particuliers à l'EvMar, «christianiser» en quelque sorte le panthéon du monde infé-rieur (c'est-à-dire l'harmoniser avec la doctrine du salut enseignée par le Sauveur) pour former un monde inférieur en opposition directe avec le Royaume spirituel.

La *Royauté de la Chair* s'opposerait ainsi directement au Royaume du Fils de l'Homme. La chair, pour les gnostiques, est synonyme de l'incarnation du Verbe, qui a «reçu d'un être humain la substance de sa chair», qui s'est fait fils de l'homme[147]. Elle représente donc la substance de l'homme terrestre et mortel. Or, pour employer l'ex-

---

[144] Cf. *Die gnostischen Schriften...*, p. 73, note *ad lin.*, 10.
[145] Ceux qui suivent les volontés de la chair sont soumis à la colère (*Ep*, 2,3). Il existe un *trésor de la colère* qui s'oppose directement au *Sauveur* puisqu'il est celui qui vient délivrer l'homme de la colère (*Rm*, 5,9): «Tu amasseras contre toi un trésor de colère pour le jour de la colère où se révèlera le juste *jugement* de Dieu» (*Rm*, 2,5).
[146] Cf. EvMar, p. 8,22 - 9,4.
[147] *Adv. Haer.*, III, 22,2 trad. franc., p. 433 Rousseau-Doutreleau.

pression d'Irénée, les gnostiques, suivant une doctrine docète, rejettent «l'héritage de la chair»[148] qui ne peut entrer dans le Royaume spirituel.

La folle Sagesse charnelle serait la contrepartie de la sagesse de l'Évangile. Tout le contexte de la première *Épître aux Corinthiens* est en effet axé sur une dialectique de la double sagesse. Paul y oppose la sagesse folle, déchue, celle de cet Éon ou des Archontes de ce monde (1 *Co*, 2,6) à la sagesse cachée, celle de l'Évangile (1 *Co*, 2,7s) définie ailleurs comme une sagesse «dans le silence»[149]. Une Sagesse inférieure ayant pour modèle une Sagesse supérieure, celle du Fils de l'Homme ou de l'Homme, est connue dans la littérature gnostique[150] et il n'est pas impossible de penser que l'EvMar ne faisait pas exception en enseignant une Sagesse idéale à laquelle correspondrait cette Sagesse folle ou coléreuse. Enfin, la *Colère* (la Sophia coléreuse) est reliée au jugement dernier, à la Loi et à la mort, schème sur lequel l'EvMar insiste particulièrement et s'oppose ainsi à la paix, au repos et à la grâce, qui symbolisent le monde supérieur dans cet évangile.

b. *Les dialogues entre l'âme et les Puissances du monde inférieur*

Les quatre degrés célestes, les multiples formes de la Colère devant qui doit passer l'âme pour subir un interrogatoire avant d'atteindre le repos dans le Silence, bref, le décor et le scénario mettent en lumière une symbolique du lien et de la frontière[151]. Mais, en contraste avec le caractère rigide et dramatique de ce cadre, la fuite de l'âme est représentée d'une manière presque théâtrale, se déroulant comme une scène animée qui devait comporter quatre actes à l'origine (il manque la rencontre avec la première Puissance).

L'âme renverse les arguments des Puissances de la fatalité comme en se jouant et laisse éclater sa joie ou sa moquerie[152] lorsqu'elle a franchi leur sphère d'influence (elle s'en alla toute réjouie, 15,9). Les dialogues peuvent apparaître à première vue comme des joutes ora-

---

[148] *Adv. Haer.*, III, 22,1, trad. franc., p. 431 Rousseau-Doutreleau.

[149] *Rm*, 16,25.

[150] Dans Eug (III, p. 81,21-24 et 82,1-6), Sagesse est la parèdre du Fils de l'Homme et de l'Homme.

[151] Il y est dit que l'âme a été *dominée* (ⲀⲘⲀϨⲦⲈ, le mot revient 5 fois dans ce récit de l'ascension); elle *tombe aux mains* (ⲈⲒ ⲈⲦⲚ, C 70b : ἐμπίπτειν εἰς) de l'Ignorance (15,10), elle a été encerclée (16,18) par le lieu et dans les *liens* de l'oubli (17,3).

[152] Dans quelques textes de Nag Hammadi, le thème du rire ou de la moquerie apparaît dans le contexte de la Passion où il est toujours relié à une interprétation *docète* de cette scène, cf. GrSeth, p. 53,30-33 et p. 56,14-19; ApocPi, p. 81,29-82,9.

toires, des discussions d'écoles ou des jeux de mots fondés sur l'équi-
voque de termes identiques mais·contrastant par le sens. L'inversion
des mots dénote cependant une vision du monde antithétique : aux yeux
de l'âme, les valeurs sont inversées. Et la précision des répliques ainsi
que le rythme rappellent tout aussi bien les formules incantatoires
pour se délivrer d'une influence maléfique ou d'un envoûtement. La
parole a ici une vertu magique qui indique la maîtrise des forces
de l'univers.

p. 15,1-10 (Le Désir)

L'âme pénètre dans la sphère d'influence du *Désir*, la deuxième
Puissance.

Question du Désir	Réponse de l'Âme
Je ne t'ai pas vue descendre	Moi *je t'ai vu*
je te vois monter	*tu ne m'as pas vue*
Comment peux-tu (me) tromper…?	et tu ne m'as pas reconnue
tu m'appartiens	*J'étais à toi*, pour ce qui est du *vêtement* et tu ne m'as pas connue (*non appartenance*)

En réutilisant le langage même de la Puissance, l'âme semble prendre
un malin plaisir à contredire systématiquement ses déclarations, niant
ce que l'autre affirme et affirmant ce qu'elle vient de nier. Ce dialogue
absurde avec le Désir est construit autour du verbe «voir» et de ses
équivalents.

«Je ne t'ai pas vue descendre» — «Moi je t'ai vu», répond l'âme.
Pour le Désir, la vision et la non vision sont liées au schème de la
descente et de la remontée qui prouveraient la destinée supracéleste
de l'âme.

Celui-ci signifie en effet à l'âme qu'il ne l'a pas vue descendre,
qu'à ses yeux, en d'autres termes, l'âme ne vient pas d'en haut mais
qu'elle est d'origine terrestre, argument qui sert à réfuter l'obser-
vation suivante : «et pourtant je te vois monter», mensonge pour la
Puissance[153]; si l'âme vient de la terre, elle n'a donc pas le pouvoir
de monter; d'où cette déclaration finale : «tu m'appartiens». Ces affirmations du Désir peuvent être reliées aux questions rituelles que
poseront à l'âme les deux autres Puissances : «D'où viens-tu et où
vas-tu?» (15,14 et 16,14-15), toutes questions pouvant être intégrées

[153] Cf. P. 15,4s : «comment peux-tu me tromper…?».

au schème habituel de l'ascension : l'âme retourne par où elle est venue ;
connaître son origine ou sa racine signifie connaître sa nature.

En affirmant qu'il ne l'a pas vue descendre, le Désir donne donc
la preuve de son aveuglement et se condamne lui-même; il ne connaît
pas la vraie nature de l'âme qui est issue du monde supérieur. Il y
aurait probablement ici une allusion au thème de la descente des parcelles de *pneuma* dans la matière, descente qui s'effectue à l'insu du
Démiurge et des autres Puissances ainsi qu'à leur stupéfaction devant
l'œuvre façonnée parce qu'elle fait entendre des sons qui dépassent
sa condition d'œuvre modelée[154]. Or l'âme au contraire peut lui
répondre : «Moi je t'ai vu». Absurdement, le Désir tire argument de
son aveuglement (il ne l'a pas vue descendre) pour prouver que l'âme
lui appartient (non vision = possession). Or, c'est la vision, celle
du *noûs*, qui procure la maîtrise sur l'univers et permet à l'âme de
s'en échapper.

«je te vois monter» — «tu ne m'as pas vue», dit l'âme. Cet échange
de vues peu amical se poursuit. Si le Désir n'a pas vu l'âme et ne l'a
pas reconnue, ce n'est donc pas elle qu'il a connue : il n'a póssédé que
le vêtement (corps ou âme hylique?)[155]. Au lieu commun de la posses-

[154] Cf. Le fragment de Valentin (fr. II, 8,36), cf. F. M. SAGNARD, *La gnose valentinienne
et le témoignage de Saint Irénée* (*Études de Philosophie médiévale*, 36), Paris, 1947,
p. 121-124.

[155] ⲚⲈⲈⲒϢⲞⲞⲠ ⲚⲈ ⲚⲎⲂⲤⲰ (15,7-8) : la phrase est concise et ambigue. Till et
Schenke (*Die gnostischen Schriften...*, p. 71), traduisent : «Ich diente dir als Kleid».
Wilson et MacRae («The Gospel according to Mary», p. 463) : «I served you as a
garment». C'est l'âme qui parle au Désir; suivant cette traduction, l'âme serait donc
le vêtement du Désir. Till, dans son apparat critique, sent cependant le besoin d'inverser
les pronoms personnels et propose également la solution suivante : «Du (le Désir)
dientest mir (l'âme) als Kleid». L'âme dirait donc au Désir : «Tu me servais de vêtement», suivant la doctrine bien connue des enveloppements ou des vêtements cosmiques
que l'âme doit revêtir au cours de sa descente à travers les différentes sphères célestes.
Ce serait alors l'âme qui se serait revêtue du Désir. Cette solution est fort plausible,
dans l'hypothèse où il y aurait eu faute de la part du copiste. Par contre, si l'on
adopte la première traduction, suivant laquelle l'âme a servi de vêtement au Désir,
on comprend moins bien la déclaration suivante de l'âme : «et tu ne m'as pas connue»
(15,8).
Nous avons donc finalement adopté une autre traduction qui respecte l'ordre des
pronoms personnels :
a. ⲚⲈⲈⲒϢⲞⲞⲠ ⲚⲈ
ϢⲰⲠⲈ + Ⲛ (dat. + pronom pers. 2ᵉ p.s.f.) traduit εἶναι + dat. ou γίνεσθαι
μετά (C 589a) : «J'étais à toi» ou «Je t'appartenais». On peut remarquer que l'âme,
au cours de son ascension, reprend, dans ses réponses, les termes mêmes qu'ont
utilisés les Puissances (15,1 - 17,7). Elle répondrait donc ainsi précisément à la déclaration
audacieuse que vient de lui faire le Désir : «tu m'appartiens» (15,4-5).
b. ⲚⲎⲂⲤⲰ
Nous le traduisons comme un datif de relation en grec. Le grec, en effet, attribue

sion par le désir ou du désir charnel par le regard, de la chute confon-
due avec la possession par le mal, l'âme oppose une philosophie du
double; si l'âme est violentée par le mal, il ne la possède pas vraiment [156].

Ce contexte de l'aveuglement d'une Puissance et de son incapacité
à posséder l'âme spirituelle pourrait évoquer certains passages de
l'HypArch ou de l'Ecr sT du Codex II qui racontent l'union des Puissances avec l'Ève charnelle: la femme spirituelle, se moquant de leur
aveuglement et de leur impuissance à la saisir, leur livre son ombre
qui lui ressemble [157].

p. 15,10-16,1 (Rencontre de l'âme avec l'Ignorance)

De nouveau, et avec plus d'évidence encore dans ce passage, des
mots clés structurent le discours; trois termes mis en relation,
ⲙⲛⲧⲁⲧⲥⲟⲟⲩⲛ, ⲁⲙⲁϩⲧⲉ, ⲕⲣⲓⲛⲉ : *ignorance, domination* et *jugement*.
Sans entrer plus avant dans le contenu du passage, on peut déjà noter
que la Puissance et l'âme tirent argument à partir des mêmes mots,
mais ici, l'ordre des termes est inversé, ce qui sous-entend une nouvelle
relation entre eux. Une lecture purement formelle nous permet d'entrevoir déjà que l'âme, en reprenant le langage de son adversaire et
en renversant son argument, la vainc par sa connaissance.

Questions de la Puissance	*Réponse de l'Âme*
L'Ignorance interroge: Où vas-tu?	Pourquoi me juges-tu, moi qui n'ai pas *jugé?*
Par un mauvais penchant n'as-tu pas été dominée? Mais oui, tu as été *dominée*.	On m'a dominée, moi qui n'ai pas *dominé*.
Ne *t'érige pas en juge* [158].	On ne m'a *pas reconnue (Ignorance)*. Mais moi j'ai reconnu que le Tout doit se dissoudre... (*connaissance*)

au sujet tout entier soit un état ou une manière d'être qui n'affecte qu'*une partie du
sujet* et il le met au datif (ou à l'accusatif pendant la période classique), le nom qui
exprime, soit la partie du sujet affectée, soit le point de vue ou le rapport déterminé
(cf. BLASS-DEBRUNNER, p. 105, n. 197). Nous traduisons alors comme suit: «J'étais à toi,
pour ce qui est du vêtement». En d'autres mots, une partie de l'âme seulement (le vêtement: corps ou âme hylique), a appartenu au Désir, partie qui ne représente pas sa
vraie nature. La phrase suivante: «et tu ne m'as pas connue», s'explique alors. Ce n'est
pas vraiment elle que le Désir a connue ou possédée mais son vêtement. L'âme peut
donc s'enfuir (cf. C 579a, ϣⲱⲡⲉ + dat. + ⲛ).

[156] En 8,2-4, le Sauveur enseigne aux disciples que la passion est issue de ce qui est
contre nature. La passion ne peut donc posséder ce qui est apparenté à la nature; elle
ne possède pas la vraie nature de l'âme, elle ne la voit pas. Cf. AuthLog, p. 23,12-18:
le corps vient du Désir et celui-ci possède l'âme au moyen du corps.

[157] Cf. HypArch, p. 89,17s et 92,21s; Ecr sT, p. 116,12-33.

[158] H.-M. SCHENKE (*Die gnostischen Schriften...*, p. 339, n. 71) suggère également
de traduire ⲙⲡⲣⲕⲣⲓⲛⲉ comme un nom: «dans le jugement» ou «par le jugement».

On peut donc remarquer que les termes sont utilisés selon un mouvement dialectique :

Cette argumentation met en lumière deux doctrines sur le jugement.

Pour l'Ignorance, l'âme a été dominée par un mauvais penchant,
accusation qui détermine la défense qu'elle fait à cette dernière, celle
de juger. Le fait que la Puissance interroge et apporte elle-même la
réponse [159] en faisant porter l'insistance sur le mot πονηρία (il est
placé au tout début de la phrase) témoigne, semble-t-il, du caractère
inéluctable de cette tendance mauvaise dans l'âme aux yeux de la
Puissance, d'un pessimisme radical à l'égard du péché : il s'agit ici
d'une *condamnation* de sa part.

La doctrine pourrait évoquer l'opposition entre le Dieu de l'Ancien
Testament qui seul a la puissance de juger, le nomothète, et l'être
individuel qui ne le peut pas parce qu'il est soumis par nature au péché.
«Tu as été dominée par un mauvais penchant» (tu méprises donc la
Loi) : «ne juge pas» (la Loi), serait une explication des paroles de la
Puissance.

Or, dans son ascension à travers les cieux, l'âme se sépare peu
à peu du monde inférieur : le verbe κρίνειν signifie en effet à la fois

---

[159] ϨΝ [Ο]ΥΠΟΝ ΡΙΑ ΑΥΑ2ΜΑ2ΤΕ ΜΜΟ ΑΥ[Α]ΜΑ2ΤΕ ΔΕ ΜΜΟ «Par un mauvais
penchant n'as-tu pas été dominée? Mais oui, tu as été dominée» (15,14-16).
    Nous traduisons la première partie de la phrase comme une question puisqu'il
s'agit ici d'un interrogatoire (c'est l'Ignorance qui *interroge* : 15,12-13). En grec, l'interrogation peut être exprimée en plaçant un mot emphatique au début de la phrase
(ici πονηρία). Quant à la seconde partie, nous la comprenons comme une réponse.
La répétition du verbe ΑΜΑ2ΤΕ pourrait alors s'expliquer. Il y a en effet en grec de
nombreuses manières de répondre à une question. On peut, par exemple, répéter dans
la réponse le verbe dont est formée la question, accompagné ou non d'un adverbe ou
d'une particule qui confirme la réponse (ici δέ). Cf. LS 371 : δέ est employé dans les
réponses. En l'occurrence, il pourrait s'agir d'un interrogatoire de type purement formel,
dans lequel l'interrogation est une affirmation déguisée, une condamnation. La Puissance
répondrait ainsi elle-même à l'accusation. Cf. TILL et SCHENKE, *op. cit.*, p. 71 : «In
Schlechtigkeit bist du ergriffen worden. Du bist aber ergriffen (?) worden»; WILSON
et MACRAE, *op. cit.*, p. 463 : «In wickedness are you bound. But you are bound».
Pour ces derniers, la répétition du verbe pourrait être une dittographie.

juger et *séparer*[160]. Mais, pour l'Ignorance, le mélange avec la matière étant une πονηρία, l'âme n'a pas la puissance de se séparer ou de juger : elle est liée de façon inéluctable par une inclination mauvaise qui l'attire vers le bas. Et, à l'inverse, seule *la domination* (celle du nomothète ou des Puissances) *permet le jugement*.

Pour l'âme cependant, c'est au contraire *le jugement qui entraîne la domination* et symbolise l'ignorance.

Réponse de l'Âme

Pourquoi me juges-tu	moi qui n'ai pas jugé?
On m'a dominée	moi qui n'ai pas dominé
On ne m'a pas reconnue	Mais moi, j'ai reconnu que le Tout doit se dissoudre

Cette réponse établit une équivalence entre les termes suivants :

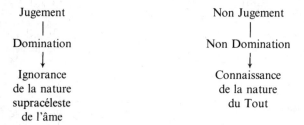

L'âme n'a pas jugé : elle n'a pas dominé. L'image de la Loi est présente sous la notion de jugement. La même doctrine est enseignée par le Sauveur dans son discours de révélation, plus précisément dans l'exhortation finale, doctrine reprise en partie par Lévi à la fin du texte : «ne donnez pas de Loi à la manière du Législateur afin que jamais vous ne soyez dominés par elle» (9,2-4 et 18,19-21). La Loi produit le jugement ; elle domine en apportant la connaissance du péché et la mort. Or, la connaissance du péché est ignorance aux yeux des gnostiques parce qu'elle présente l'union avec la matière comme une inclination naturelle.

Si l'on garde en mémoire le discours du Sauveur, c'est la Loi qui domine l'âme en la maintenant dans une union adultère avec la matière, dans le Tout ; et, ce mélange que l'on appelle le péché est contre nature : l'âme n'appartient pas par nature à ce monde matériel. À la notion de «péché du monde» (7,12) et de jugement du monde comme

---

[160] Cf. LS 996 ab.

séparation entre le bien et le mal, le Sauveur oppose en effet une doctrine cosmologique sur l'union de deux natures antithétiques et sur le retour à leurs racines respectives : la dissolution du Tout[161] et le salut pour l'ensemble de la nature spirituelle. Le péché est cosmique et non moral[162].

p. 16,1 - 17,7 (Rencontre de l'âme avec la Colère puis entrée dans le Silence et le repos du monde supérieur)

L'âme atteint enfin le plus élevé des cieux du monde inférieur où habite *la Colère* aux sept formes. Dans une première partie, l'âme réplique aux accusations des Puissances et à leurs exclamations de surprise devant sa fuite.

Questions des Puissances

ⲉⲣⲉⲛⲏⲩ ⲭⲓⲛ ⲧⲱⲛ
D'où viens-tu

ⲧ — ⲻⲁⲧⲃ — ⲣⲱⲙⲉ
homicide?

ⲉⲣⲉⲃⲏⲕ ⲉⲧⲱⲛ
où vas-tu

ⲧ — ⲟⲩⲁⲥϥ — ⲙⲁ
toi qui maîtrises le lieu?

Réponses de l'Âme

ⲡⲉⲧⲉⲙⲁⲻⲧⲉ ⲙⲙⲟⲓ̈
Celui qui me dominait

ⲁⲩⲕⲟⲛⲥϥ
a été frappé à mort

ⲡⲉⲧⲕⲧⲟ ⲙⲙⲟⲓ̈
celui qui m'encerclait

ⲁⲩⲟⲩⲟⲥϥ
a été maîtrisé

↓

mon désir s'apaisa

↓

mon ignorance mourut

On peut remarquer dans ce discours un procédé de construction précis. Les questions, réponses et affirmations successives de l'âme s'ordonnent par couple. Il y a couplage en ce qui concerne la syntaxe ; on peut noter, dans les questions, l'équivalence des adverbes interroga-

---

[161] ⲁⲓ̈ⲥⲟⲩⲱⲛⲟⲩ ⲉⲩⲃⲱⲗ ⲉⲃⲟⲗ ⲙⲡⲧⲏⲣϥ
«j'ai reconnu que le Tout doit se dissoudre» (15,20-21) :
Nous avons traduit la circonstancielle au présent par «doit se dissoudre». Le Tout est quelque chose qui se dissout, il est dans sa nature de se dissoudre. Cf. TILL et SCHENKE, *op. cit.*, p. 71 : «ich aber habe erkannt, dass das All aufgelöst wird» ; WILSON et MACRAE, *op. cit.*, p. 465 : «But I have recognized that the All is being dissolved».

[162] Cf. Peut-être *Mt*, 7,1 et *Lc*, 6,37 : celui qui fait appel à une loi et la prend comme modèle, serą jugé d'après cette loi. Or, l'âme n'a pas porté de jugement, elle n'est donc pas soumise à la domination de la Loi. C'est pourquoi elle peut s'échapper.

tifs de lieu et des interpellations : ⲧ̄ⲣⲁⲧⲃⲣⲱⲙⲉ, ⲧⲟⲩⲁⲥϥⲙⲁ, ainsi que la symétrie des réponses : elles commencent toutes deux par un relatif, les verbes ⲕⲟⲛⲥϥ, ⲟⲩⲟⲥϥ, sont au parfait passif, il y a alternance de l'actif et du passif, etc.

Cette équivalence dans la syntaxe correspond à une équivalence sémantique. Les deux questions des Puissances portent sur la descente et la remontée de l'âme, c'est-à-dire sur son origine qui leur est, semble-t-il, inconnue (l'accusation d'homicide — l'âme aurait tué l'homme terrestre — signifiant pour elles que l'âme n'est pas d'origine terrestre ou n'est pas issue de l'homme terrestre, puisqu'elle s'est séparée de lui et qu'il est mort alors qu'elle vit).

À ces deux questions parallèles correspondent avec beaucoup de symétrie les deux réponses de l'âme. À la première accusation, celle d'homicide, expression formée à l'aide du verbe ϩⲱⲧⲃ, «tuer»[163], correspond la première réponse de l'âme qui utilise cette fois le verbe ⲕⲱⲛⲥ, «être tué» ou «massacré»[164]. Cette équivalence permet de découvrir un sujet commun à la question comme à la réponse : l'homme, vraisemblablement l'*homme terrestre*, qui tenait l'âme sous sa domination (ⲣⲱⲙⲉ). La deuxième question et la deuxième réponse sont également semblables puisqu'un même verbe y est utilisé : ⲟⲩⲱⲥϥ. À l'affirmation des Puissances : «toi qui maîtrises *le lieu*», correspond la réponse : «*celui* qui m'encerclait (ⲕⲧⲟ) a été maîtrisé», couplage mettant en relief *le lieu* (ⲙⲁ)[165].

L'homme et le lieu, l'un qui retient l'âme sous sa domination, l'autre qui l'encercle : le discours fait porter l'alternance sur ces deux termes. Suite à ces deux réponses, la double affirmation de l'âme sur la mort de son désir et de son ignorance, dont le sens et la syntaxe sont encore une fois en rapport d'équivalence, pourrait se rattacher à ce qui précède. Peut-être est-il possible en effet d'attribuer directement ces deux passions à l'homme et au lieu — domination de l'homme terrestre par le désir et du lieu qui maintient l'âme dans

---

[163] ⲧ̄ⲣⲁⲧⲃⲣⲱⲙⲉ correspondrait à l'expression grecque ἀνθρωποκτόνος (*Jn*, 8,44; 1 *Jn*, 3,15 bis) ou à ἀνδροφόνος (1 *Tm*, 1,9), cf. W.C. Till, H.-M. Schenke, *op. cit.*, p. 72; R. McL. Wilson, «The New Testament in the gnostic Gospel of Mary», p. 237.

[164] Cf. C 112a, ⲕⲱⲛⲥ : σφάζειν, ἐκκεντεῖν, τιτρώσκειν.

[165] Le verbe ⲕⲧⲟ (C 127-128 : στρέφειν, ἐπιστρέφειν, κυκλοῦν) utilisé dans le cadre de l'ascension de l'âme, évoque l'encerclement des corps célestes ou leurs révolutions et pourrait peut-être se rapporter aux sept Puissances plutôt qu'aux quatre degrés. S'agirait-il d'une interpolation, en relation avec une relecture du système primaire à la lumière d'un système secondaire basé sur le nombre sept?

l'ignorance ou par ignorance — et de relier ce discours aux deux passages précédents sur la rencontre avec le *Désir* et l'*Ignorance*[166].

À partir de 16,21, la réponse de l'âme se transforme en monologue. Même si ce passage est la conclusion logique de ce qui précède, on note ici un changement de registre. L'âme s'exprime plus librement, dans un langage qui n'est plus directement soumis aux questions des Puissances. Il ne s'agit plus en effet de répliques mais plutôt d'une sorte de déclamation finale par laquelle elle exprime sa libération hors de la force d'attraction des Passions :

Dans un *monde*, j'ai été délivrée	grâce à un *monde*
dans une *Image*,	grâce à une *Image* supérieure

On retrouve là encore une concordance entre les termes et dans la syntaxe ainsi que le rythme binaire, marqué ici par l'alternance des mots *cosmos* et *tupos* qui rappellent le double lien de *l'homme* et du *lieu*. Cosmos et anti-cosmos, Image et contrefaçon, ce monde de l'exemplarité ainsi que quelques indices disséminés dans l'ensemble du texte nous permettent de relier cette déclaration finale de l'âme aux spéculations sur l'équivalence entre le macrocosme et le microcosme[167].

D'une part l'image du vêtement, image anthropomorphique, utilisée lors de la rencontre entre l'âme et le Désir, l'accusation d'homicide portée contre l'âme (elle aurait tué l'homme terrestre) et d'autre part, les exhortations de Marie et de Lévi en d'autres passages, sur l'Homme parfait qu'il faut revêtir (9,20 et 18,16) bref, cet ensemble de même inspiration nous permet d'établir un lien avec la forme anthropomorphique du Royaume, celui *du Fils de l'Homme*.

Chez Philon d'Alexandrie, le cosmos a double nature, l'une corporelle, l'autre intellectuelle (κόσμος αἰσθητός et κόσμος νοητός)[168]. Ce cosmos dédoublé est l'image du *Fils*. Sous son aspect spirituel, il est Logos, raison du monde. Mais, il est immanent au cosmos sensible; il a revêtu, tel un vêtement, le monde extérieur.

Pour les gnostiques cependant, ce cosmos intérieur est le lieu où s'engage le processus de séparation avec l'autre monde; les deux cosmos sont antagonistes. Il y a une coupure entre le Logos et l'heïmarménè.

---

[166] Cf. EvMar, p. 15,19-21, le dialogue avec l'*Ignorance* : «On ne m'a pas reconnue (c'est l'âme qui parle), mais moi j'ai reconnu que le *Tout* doit se dissoudre...».

[167] Cf. C. COLPE, «Die Himmelsreise der Seele ausserhalb und innerhalb der Gnosis», p. 429s, sur ces spéculations dans le cadre de l'ascension de l'âme.

[168] PHILON, *Quod Deus sit immutabilis*, 30-32.

L'âme a été délivrée du monde inférieur par un monde supérieur ou intérieur, celui du *noûs* (νοητός) ou du Fils. La délivrance par une Image
supérieure rappelle également les spéculations de Philon sur les deux
récits de la création[169] : création d'un Homme céleste, d'après une
exégèse de *Gn*, 2,7, et création de l'homme terrestre d'après *Gn*, 1,26,
doctrine que l'on retrouve chez les Naassènes et d'autres gnostiques,
relue à la lumière d'une mythologie dualiste. À partir du modèle d'une
Image supérieure, Image de l'Homme immortel comme dans la SJC
par exemple[170], le Démiurge façonne un homme terrestre à qui il donne
sa substance psychique. De même qu'elle avait revêtu *cette Image
qu'est l'homme terrestre*, l'âme a maintenant revêtu *celle de l'Homme
céleste*. Elle entre alors dans le Silence ; à ce propos, il peut être intéressant
de signaler que dans certains textes gnostiques, le Royaume appartient
aussi au Fils et à l'Homme qui est désigné sous le nom de *Silence*[171].

Au terme de l'ascension céleste, l'âme trouve enfin le *repos*[172],
hors du temps[173] et de la mort. Alors seulement, peuvent cesser les

[169] PHILON, *De Opificio Mundi*, 134s ; *Legum Allegoriae*, I, 41-43.

[170] SJC (BG), p. 119,2 - 120,3.

[171] SJC (BG), p. 113,11-16 : «les immortels, dont j'ai parlé précédemment, tiennent
leur autorité de la puissance de l'Homme immortel, celui que l'on nomme, *le Silence*».
Dans Eug, Silence est la compagne de l'Homme immortel, sa partie féminine (III,
p. 88,3-11).

[172] Le repos chez les gnostiques signifie le rétablissement dans l'unité originelle
ainsi que la plénitude de la connaissance.

[173] a. ⲀⲨⲰ ⲦⲘⲢⲢⲈ ⲚⲦⲂⲰⲈ ⲈⲦϢⲞⲞⲠ ⲠⲢⲞⳞ ⲞⲨⲞⳘⳛ
Or, ce sont les liens de l'oubli qui sont provisoires (17,3-4).

Ce pourrait être ici une phrase nominale dans laquelle la relative a fonction de
thème, une des formes que Polotsky nomme une «phrase coupée» («cleft Sentence», cf. Pol, p. 161-172\et p. 418-435). Selon Polotsky, cette construction est utilisée
pour mettre en relief un membre de phrase, le verbe mis à part, ici, le prédicat : «les
liens de l'oubli». Cf. W.C. TILL, H.-M. SCHENKE, *op. cit.*, p. 75 : «und (aus?) der
Fessel der Erkenntnisunfähigkeit, deren Bestehen zeitlich (begrenzt) ist»; W.C. Till
note cependant, dans l'apparat critique, qu'il est possible de traduire ce passage comme
une nouvelle phrase. Aussi WILSON, MACRAE, *op. cit.*, p. 465 : «and (from) the fetter
of oblivion which is transient».

b. EvMar, p. 17,4-7 :   Ryl. 463, p. 21,1-2 :

ⲬⲒⲚ ⲘⲠⲒⲚⲀⲨ   Τὸ λοιπὸν
ⲈⲈⲒⲚⲀⲬⲒ ⲚⲦⲀⲚⲀⲠⲀⲨⳞⲒⳞ   δρόμου καὶ [ρο]ῦ χρόνου
ⲘⲠⲈⲬⲢⲞⲚⲞⳞ ⲘⲠⲔⲀⲒⲢⲞⳞ ⲘⲠⲀⲒⲰⲚ   αἰῶνος ἀνάπαυσιν
ϨⲚⲚⲞⲨⲔⲀⲢⲰϥ   ἐ[ν] σιγῇ

Nous traduisons ainsi le copte : «Désormais, j'obtiendrai le repos *hors du moment
du temps de l'Éon*, en Silence». Cette traduction a été proposée, dans une note, par
W.C. Till et H.-M. Schenke (*op. cit.*, p. 339, n. 75). Nous l'avons adoptée pour plusieurs
raisons. Tout d'abord, nous nous référons à LS (115a), selon qui le mot ἀνάπαυσις
employé avec le génitif signifie, «se reposer *de* quelque chose». C'est d'ailleurs dans

altercations et les discussions soulevées par les adversaires ainsi que la mission dont sont chargés tous les disciples : l'annonce de la parole de l'Évangile ; le Logos est issu du Silence, il doit donc y faire retour. Nous rejoignons ici le thème du silence mystique ou de la *sagesse silencieuse* évoquée dans les écrits hermétiques ou gnostiques[174].

C'est pourquoi « Marie garda le silence » (17,8). Sa révélation ne peut aller plus loin. La déclaration de l'âme se terminait par son entrée dans le *Silence* ; le récit reprend alors sur cette remarque du narrateur qui termine ainsi le discours de révélation. Cette utilisation d'un mot crochet rétablit le lien avec le récit.

CONTROVERSE ENTRE LES DISCIPLES
APRÈS LA RÉVÉLATION DE MARIE
(p. 17,10 - 19,2)

D'après nos conjectures, le passage précédant cette conclusion, c'est-à-dire, pour l'essentiel, la révélation de Marie, ne faisait peut-être pas partie de la rédaction primitive mais aurait été introduit ultérieurement (de 9,20 à 17,9 et peut-être jusqu'à 17,15)[175].

Selon notre hypothèse, cette conclusion (plus précisément, semble-t-il, à partir de 17,15)[176] devait donc à l'origine se rattacher directement

---

cette optique que Kapsomenos commente le passage du Ryl. 463 («TO KATA MAPIAM AΠOKPYΦON EYAΓΓEΛION», p. 180), même si le verbe manque dans le passage grec : l'âme s'échapperait donc *hors de* «la course du temps» (LS 450a). Deuxièmement, l'accumulation des noms de temps dans l'EvMar rappelle un passage de l'ApocrJn dans lequel le Démiurge, en essayant d'imiter la vie éternelle, produit une succession de temps, de moments et de siècles afin de *lier* dans sa chaîne (ⲧⲙⲣⲣⲉ), anges, hommes et démons : «Comme il (le Démiurge) était ignorant, il ne savait pas qu'elle (la mère) était plus avisée que lui, il prit décision, il produisit le Destin (Heïmarménè) ; il lia dans des mesures et dans des temps (khronos) et dans des moments (kaïros) les dieux du ciel, etc.» (ApocrJn, III, p. 37,1-13, trad. franc., H.-Ch. PUECH, *La Gnose et le temps*, p. 254. Aussi, ApocrJn (BG), p. 71,14 - 72,12 ; ApocrJn, II, p. 28,5-33 ; ApocrJn, IV, p. 43,17 - 44,20. Cf. IRÉNÉE, *Adv. Haer.*, I,17,2 = *Elenchos*, VI, 55,1-2. Textes cités par H.-Ch. PUECH, *op. cit.*, p. 254-256. Dans l'EvMar (17,3), l'âme est également enfermée dans «les liens (ⲧⲙⲣⲣⲉ) de l'oubli». W.C. Till et H.-M. Schenke (*op. cit.*, p. 75) proposent une autre traduction : «Von dieser Zeit an werde ich die Ruhe erlangen zur Zeit des Zeitpunktes der Äons in Schweigen» ; R. McL. Wilson et G.W. MacRae (*op. cit.*, p. 465-467) également : «From this time on will I attain to the rest of the time, of the season, of the aeon, in silence».

[174] Cf. CLÉMENT D'ALEXANDRIE, *Ext. Théod.*, 29 : «Silence, disent-ils, Mère de tous les êtres émis par l'Abîme, pour autant qu'elle n'a pu s'exprimer sur l'Inexprimable, a gardé le silence ; pour autant qu'elle a compris, elle l'a nommé l'Incompréhensible».

[175] Cf. Introduction, p. 8-10.

[176] Cf. Introduction, note 39 ; le passage décrivant la réaction d'André (17,10-15)

à la réponse de Marie-Madeleine aux disciples, en 9,20. Elle développe
en effet une dialectique basée sur les notions d'homme et de femme
qui nous semble suivre logiquement l'enseignement de Marie sur
l'Homme immortel.

p. 17,15-22 (La colère de Pierre)

> Pierre prit la parole et discutant de questions
> *du même ordre*, il les interrogea sur le Sauveur :
> Est-il possible qu'Il se soit entretenu avec une
> *femme* en secret — à notre insu [177] — et non ouverte-
> ment si bien que nous devrions nous, former
> un cercle et tous l'écouter ? [178] Il l'aurait choisie,
> de préférence à nous

n'aborde pas, du moins pas de façon explicite, le double thème homme/femme sur
lequel reviendront avec insistance Pierre et Lévi :

EvMar, p. 17,14-15 :	Ryl. 463,p. 21,9-11 :
εϣχε ⲛⲓⲥⲃⲟⲟⲩⲉ ⲅⲁⲣ	ἐδόκει γ[ὰρ
ⲍⲛⲕⲉⲙⲉⲉⲩⲉ ⲛⲉ	ἐτε]ρογνωμονεῖν τῇ ἐκ[ε]ίν[ου δια]νοίᾳ

a. εϣχε (C 63) traduit : 1. εἰ, εἰ καὶ 2. δοκεῖν. Le texte grec indique donc, à notre
avis, quel sens nous devons donner à εϣχε : «il semble que», «à ce qu'il semble»
(δοκεῖν). Cf. W.C. TILL, H.-M. SCHENKE, *op. cit.*, p. 75 : «Denn sicherlich sind diese
Lehren andere Meinungen»; R. McL. WILSON, G.W. MACRAE, *op. cit.*, p. 467 : «For
certainly these teachings are strange ideas».

b. Ryl. 463, 1.9-11 : C.H. ROBERTS (*Catalogue of the Greek and Latin Papyri in the
John Rylands Library*, p. 21 et 23, n. 9) transcrit, pour le texte grec, ἐννοίᾳ au lieu de
διανοίᾳ, et note que ἐτερογνωμονεῖν n'apparaît pas dans le LS mais se retrouve chez
Cyrille d'Alexandrie (cf. G.W.H. LAMPE, *A Patristic Greek Lexicon*, Oxford, 1961,
p. 552b). Selon André, les enseignements de Marie ne sont pas conformes à la pensée
de celui-là, c'est-à-dire du Sauveur.

[177] ⲛⲭⲓⲟⲩⲉ ⲉⲣⲟⲛ, «en secret, à notre insu» (17,19-20). Nous avons retenu, dans
notre traduction, deux idées qui nous semblent ressortir essentiellement dans cette
expression : premièrement, l'idée d'une transmission secrète de l'enseignement du Sauveur
(en grec, λάθρα, Ryl. 463, p. 21,13), le terme s'opposant à ⲍⲛ⟨ⲟⲩ⟩ⲟⲩⲱⲛⲍ ⲉⲃⲟⲗ,
«ouvertement»; deuxièmement, que cette transmission se fait précisément à l'insu des
disciples et de Pierre lui-même, d'où son indignation.

[178] EvMar, p. 17,20-22 :   Ryl. 463, p. 21,14 :
ⲉⲛⲛⲁⲕⲧⲟⲛ ⲍⲱⲱⲛ ⲛⲧⲛⲥⲱⲧⲙ ⲧⲏ̣ⲣⲛ   ἵνα πάντες ἀκούσω[μεν;]
ⲛⲥⲱⲥ
ⲉⲛⲛⲁ peut être traduit comme un futur II. C'est la solution qu'ont adoptée les autres
traducteurs. W.C. TILL, H.-M. SCHENKE, *op. cit.*, p. 75 : «Sollen wir umkehren und
alle auf sie hören?». R.McL. WILSON, G.W. MACRAE, *op. cit.*, p. 467 : «Are we to turn
about and all listen to her?». ⲉⲛⲛⲁ peut également correspondre à une circonstancielle
au futur (cf. T, p. 169 n. 329). Nous avons finalement adopté cette seconde solution
en nous fiant au texte grec qui fait de ce passage une proposition subordonnée commandée
par ἵνα (bien que les deux textes, grec et copte, diffèrent quelque peu entre eux) et parce
que, d'après le contexte du passage copte, les questions de Pierre portent sur *le Sauveur*,
sur *ses* faits et gestes (17,17-18). Autre traduction possible de 17,20-22 : «pour que
nous puissions nous aussi former un cercle et tous écouter cela (c'est-à-dire les questions
du même ordre)?»

Il y a contradiction entre l'attitude de Pierre, en 10,1s, et celle qu'il adopte ici[179]. Comme on l'a dit, cette discordance s'expliquerait par le fait que tout le passage compris entre 9,20 et 17,10 ou 17,15, est une interpolation. Il faut donc, croyons-nous, faire abstraction de ce passage et rattacher l'intervention de Pierre à la déclaration de Marie pour en avoir une meilleure compréhension, l'indignation de Pierre nous semblant en effet suscitée par elle.

Par sa déclaration sur le Sauveur — «Il nous a faits Homme» (9,20) — Marie se distingue des autres disciples qui s'interrogent sans trouver par eux-mêmes de réponse, leur montrant qu'elle possède des connaissances qu'ils n'ont pas : elle prend la place du révélateur. Mais avant tout, elle affirme ainsi qu'*elle* a été faite *Homme*, résolvant en une unité deux notions antithétiques, du moins aux yeux de Pierre.

Pour réfuter cette affirmation, Pierre tire en effet argument de l'opposition qu'il établit entre la *femme* et les *disciples* ou ce qui revient au même, entre *femme* et *homme*. Discutant de «questions du même ordre», c'est-à-dire, à notre avis, des doctrines sur *l'Homme* dont vient de parler Marie en 9,20[180], il démontre aux disciples, par des questions vraisemblablement ironiques, l'absurdité de la déclaration de celle-ci qui signifierait que le Sauveur aurait discuté avec une *femme* des doctrines sur *l'Homme*, ne leur permettant pas, à eux les disciples mâles, d'écouter de semblables doctrines[181].

De plus, l'objection de Pierre porte sur le fait que le Sauveur aurait transmis son enseignement à une femme *en secret*, et *non ouvertement*. Cette opposition nous semble importante. Le texte suivrait ici le scénario classique de certains évangiles apocryphes et indiquerait deux modes

---

[179] Cf. Introduction, p. 8s.

[180] On ne voit pas très bien, en effet, la nécessité de cette précision si la discussion de Pierre porte sur les doctrines enseignées par Marie dans son discours de révélation (10,10-17,7), doctrines qui sont fort variées (ascension de l'âme, vision du *noûs*). Elle s'avère cependant nécessaire si, comme nous le pensons, cette discussion fait référence aux déclarations de Marie sur l'Homme, en 9,20, puisqu'elle donne plus de poids à l'argumentation de Pierre basée sur l'antithèse homme/femme; elle éclaire donc aussi l'intervention de Lévi qui propose en réponse à cette argumentation, une doctrine androgynique unificatrice.

[181] W.C. Till, H.-M. Schenke (*op. cit.*, p. 75) et R.McL. Wilson («The New Testament in the gnostic Gospel of Mary», p. 243) y voient une référence à *Jn*, 4,27 : «Sur quoi les disciples arrivèrent. Ils s'étonnaient que Jésus parlât avec une femme». Sur le caractère polémique de ce passage, cf. Introduction, p. 22-25.

d'enseignement connus. Dans le passage déjà cité de l'ApocrJac[182], il est également dit que le Sauveur avait l'habitude de parler avec ses disciples, soit en secret, soit ouvertement. L'enseignement était dispensé soit à l'ensemble des disciples, soit à un ou à quelques-uns en particulier que le Sauveur emmène alors à l'écart : Jude Thomas dans l'EvTh, Philippe dans l'Évangile du même nom ou Pierre et Jacques dans l'ApocrJac, etc., sont les dépositaires des paroles mystérieuses du Sauveur. La révélation secrète est un privilège. Elle manifeste l'élection. C'est également cela qui provoque la réaction véhémente de Pierre :

> Il l'aurait choisie, de préférence à nous?
>
> (17,22)

La révélation particulière signifierait que le Sauveur a choisi une femme de préférence à eux les disciples et à lui, Pierre qui est selon le témoignage de Matthieu, le chef de l'Église (*Mt*, 16,13-20), ce qui impliquerait une transmission de pouvoir.

p. 18,5-21 (Lévi affirme l'élection de Marie)

Après une courte intervention de Marie-Madeleine (18,1-5)[183], Lévi répond aux deux objections de Pierre : il affirme *l'élection de Marie* et propose, à sa suite, *une doctrine sur l'Homme* qui fait appel au thème de l'unité androgynique.

L'affirmation de Lévi est claire. Le Sauveur l'a rendue digne (18,11), il la connaît de manière indéfectible, «c'est pourquoi Il l'a aimée plus que nous» (18,14-15). Les expressions utilisées — «être rendu digne» ou «être jugé digne» (ⲁⲁ⸗ ⲛⲁϩⲓⲟⲥ)[184], la préférence ou l'amour du Sauveur pour Marie (ⲟⲩⲱϣ ⲛϩⲟⲩⲟ ⲉ-)[185], la connaissance indéfectible qu'il a d'elle (ἀσφαλῶς) — rappellent le langage technique des religions à mystères, de la littérature hermétique ou des apocalypses du premier siècle de notre ère et s'intègrent dans le scénario des évangiles gnostiques[186]. L'enseignement du maître ne peut être transmis que par initiation et uniquement à ceux qui en sont dignes, sinon ces révélations restent cachées ou incomprises. Tout comme Marie a une vision inébranlable (ⲁⲧⲕⲓⲙ) du Seigneur (10,14), celui-ci

---

[182] Cf. *Supra*, note 94 du commentaire.
[183] Intervention qui ne se retrouve pas dans le fragment grec du Ryl. 463.
[184] Cf. Ryl. 463, p. 22,22 : «juger digne».
[185] Cf. Ryl. 463, p. 22,25 : ἠγάπησεν.
[186] Cf. H.-Ch. PUECH, «Gnostic Gospels and related Documents», p. 263 et n. 1; A.-J. FESTUGIÈRE, *La Révélation d'Hermès Trismégiste*, t. I, Paris, 1944, p. 309-354.

en retour la connaît de manière indéfectible. Connaître et être connu, cette relation témoigne des liens invisibles qui unissent le Sauveur et Marie.

> Ayons plutôt honte et revêtons-nous de
> l'Homme parfait[187], engendrons-le en nous[188]
> comme Il nous l'a ordonné et pro-
> clamons l'Évangile en n'imposant d'autre
> règle ni d'autre Loi que celle qu'a pres-
> crite le Sauveur (18,15-21).

Lévi réitère l'enseignement de Marie sur l'Homme (9,20), en le reliant aux dernières exhortations du Sauveur sur la nécessité de proclamer l'Évangile du Fils de l'Homme, manifestant ainsi l'unité des deux paroles, mais surtout, le sens de l'élection de Marie : alors que Pierre argumente contre la femme comme s'il était son adversaire (18,8-10)[189], le discours de Lévi, destiné à inspirer de la honte aux disciples, revient en effet à affirmer au contraire que *Marie est devenue Homme*, qu'elle est même pour le moment la seule à l'être devenue. Elle a donc suivi le Fils de l'Homme à l'intérieur d'elle-même ; ceci explique la préférence que lui accordait le Sauveur.

Contre les notions dualistes de virilité et de féminité, l'EvMar propose une vision du monde unificatrice, selon laquelle la femme peut se transformer en Homme, ou, en d'autres mots, selon laquelle l'élément féminin — l'élément spirituel *affaibli* et *inachevé* parce qu'il est descendu dans le monde inférieur — peut être *formé* et rendu *parfait*, c'est-à-dire être fait Homme.

Une doctrine semblable est enseignée dans l'EvTh :

> Simon Pierre lui dit : Que Marie sorte
> de parmi nous, car les femmes ne sont

---

[187] Revêtir l'Homme parfait (18,15-16), cette expression rappelle un thème paulinien : revêtir le Christ (*Rm*, 13,12-14 ; *Ga*, 3,27), revêtir l'Homme nouveau (*Ep*, 4,22-24 ; *Col*, 3,8-12) ; l'Homme parfait (*Col*, 1,28 ; *Ep*, 4,13).

[188] 18,17 : Cette ligne est très embrouillée.

[189] ⲚⲐⲈ ⲚⲚⲓⲀⲚⲦⲓⲔⲈⲓⲙⲈⲚⲟⲥ, «comme un adversaire» (18,9-10) : ⲚⲐⲈ Ⲛ- est une expression qui est presque toujours suivie de l'article pluriel, même si le mot est au singulier. On ne traduit pas nécessairement le pluriel ; tout dépend du contexte (cf. Pol, p. 231,4 et n. 4). De plus, le texte grec est clair : Pierre agit envers Marie comme s'il était son adversaire (ὡς ἀντικείμενος αὐτῇ). Lévi reproche ici à Pierre de se laisser dominer par la colère. Dans le GrSeth (p. 60,6-7), le combat consiste en une séparation d'avec «jalousie» et «colère» qui sont caractéristiques du Dieu de l'A.T. mais aussi des adversaires, c'est-à-dire des chrétiens orthodoxes, cf. L. PAINCHAUD, *Le Deuxième Traité du Grand Seth*, p. 120-121.

pas dignes de la Vie. Jésus dit : Voici
que je la guiderai afin de la faire mâle,
pour qu'elle devienne, elle aussi, un
esprit (πνεῦμα) vivant semblable à vous, mâles.
Car toute femme qui se fera mâle entrera
dans le Royaume des Cieux[190].

Étant devenue Homme, Marie a accepté l'Évangile du Fils de l'Homme
et de l'Homme : c'est donc *son évangile*.

APPENDICE I

Là où est le *noûs*, là est le trésor
(10,15-16)

Dans un article sur l'EvMar, Gilles Quispel[191] relève les citations
de cette même sentence chez quelques Pères de l'Églises : Clément
d'Alexandrie, Justin et Macaire.

CLÉMENT D'ALEXANDRIE, *Strom.*, VII, 12, 77 : ὅπου γὰρ ὁ νοῦς τινος
ἐκεῖ καὶ ὁ θησαυρὸς αὐτοῦ.

Strom., IV, 6, 33 : ὁ δὲ τῷ ὄντι θησαυρὸς
ἡμῶν ἔνθα ἡ συγγενεία τοῦ νοῦ.

Q.D.S., 17 : ὅπου γὰρ ὁ νοῦς τοῦ ἀνθρώπου
ἐκεῖ καὶ ὁ θησαυρὸς αὐτοῦ.

MACAIRE, *Hom.*, 43,3 : ὅπου ὁ νοῦς σου ἐκεῖ καὶ ὁ
θησαυρός σου.

JUSTIN, *Apologie*, I, 15, 16 : ὅπου γὰρ ὁ θησαυρός
ἐστιν, ἐκεῖ καὶ ὁ νοῦς τοῦ ἀνθρώπου.

Alors que chez Clément d'Alexandrie, Macaire et dans l'EvMar, la
sentence est de forme à peu près fixe, elle est inversée chez Justin ;
elle évoque de ce fait une parenté plus étroite avec les citations de
Luc et de Matthieu :

ὅπου γάρ ἐστιν ὁ θησαυρὸς ὑμῶν, ἐκεῖ καὶ
ἡ καρδία ὑμῶν ἔσται.

Car, où est votre trésor, là aussi *sera*
votre cœur. (*Lc*, 12,34. Cf. *Mt*, 6,21)

[190] EvTh. Log. 114, p. 51,18-26, trad. franc., p. 74 Ménard. Aussi EvPhil, p. 70,9-22.
[191] G. QUISPEL, «Das Hebräerevangelium im gnostischen Evangelium nach Maria»,
VC 11 (1957) 139-144.

Nous résumons ici les conjectures de G. Quispel[192] : il ne paraît pas douteux que Justin connaissait les évangiles canoniques; cependant, les recherches effectuées au cours du XIXe siècle ont démontré qu'il puisait ses citations à une autre source, pouvant être identifiée à *l'Évangile des Hébreux*, lequel aurait donc également influencé l'EvMar.

Comme le suggère G. Quispel, le rédacteur de l'EvMar a pu emprunter cette citation à un texte apocryphe, ce qui expliquerait l'inversion des termes. Cependant, d'autres éléments attirent également l'attention, notamment, l'hellénisation de la sentence (c'est-à-dire le passage de καρδία à *noûs*), que ce soit chez Justin, Clément ou dans l'EvMar. La sentence, telle qu'elle nous est présentée dans notre texte, paraît en effet avoir été connue sous cette forme hellénisée et à peu près fixe, à partir du IIe siècle. Bref, on peut dire que sous cette forme plus intellectuelle, elle appartenait à un certain langage littéraire auquel l'EvMar a pu participer.

Selon A. Guillaumont, avec les Pères, le christianisme se constitue comme une doctrine philosophique, fortement influencée d'ailleurs par les systèmes helléniques; une réflexion naît sur les sens du mot καρδία (dont la signification sémitique ordinaire est : tout l'intérieur de l'homme, ce terme étant utilisé en quelque sorte de manière irréfléchie et spontanée). Les Pères adopteront une anthropologie de schéma plus ou moins platonicien et à leurs yeux en effet, le sens proprement sémitique du mot *cœur* est *intelligence* plutôt que la signification générale habituelle dans le Nouveau Testament. Cette équivalence favorisera une interprétation volontiers intellectualiste de l'Écriture[193]. De même, l'inversion des termes chez les auteurs concernés nous semble avant tout déterminée par une interprétation ou par des interprétations particulières des Écritures, lesquelles devaient avoir cours au IIe siècle à Alexandrie.

La sentence dans les textes gnostiques

Outre l'EvMar, cette sentence, sous une forme plus ou moins variable selon les textes, a été intégrée dans l'AuthLog, *La Pistis Sophia* ainsi que PrPaul[194]. On la retrouve aussi dans les *Kephalaia* manichéens[195].

---

[192] ID., *Ibid.*, p. 140.

[193] A. GUILLAUMONT, «Les sens des noms du cœur dans l'antiquité», in *Le Cœur* (*Études Carmélitaines*), Paris, 1950, p. 67-77.

[194] Cf. Les *Sentences de Sextus* (SSext), sent. 316, p. 27,17-20 : «Là où est ta pensée, là est ton bien»; aussi, sent. 315, p. 27,15-17 : la pensée, c'est l'homme.

[195] *Kephalaia*, XC, vol. 1, p. 233,3-4 Böhlig; peut-être dans le *Psautier* manichéen, 274, *A Manichaean Psalm-Book*, II, p. 94,24s Allberry.

AuthLog, p. 28,22-27, trad. franc., p. 21 Ménard :

> Et ses ennemis la contemplent, honteux
> alors qu'elle monte vers le ciel, dans
> *son trésor, là où est son noûs,* et dans
> sa resserre, en sécurité.

Pistis Sophia, livre II, chap. 90, p. 203,16 - 204,6 Schmidt-MacDermot :

> Or, Jésus répondit et dit à Marie au milieu
> des disciples : Ceux qui auront reçu les
> mystères de la lumière, lorsqu'ils seront
> sortis du corps matériel des Archontes,
> chacun, selon le mystère qu'il aura reçu,
> sera dans sa Hiérarchie. Ceux qui auront
> reçu un mystère élevé seront dans une Hié-
> rarchie élevée ; ceux qui auront reçu un mys-
> tère inférieur seront dans une Hiérarchie
> inférieure ; en un mot, le Lieu où chacun
> aura reçu le mystère demeurera sa Hiérar-
> chie dans les héritages de la lumière.
> C'est pourquoi je vous ai dit autrefois :
> *Le Lieu où est votre cœur, là sera aussi*
> *votre trésor,* c'est-à-dire : le Lieu où
> chacun aura reçu le mystère, il y restera.

PrPaul, p. I, A, 1-5, cf. TracTri, vol. 2, trad. franc., p. 249 Kasser :

> Donne-moi ta [miséricorde.] [Mon] protecteur,
> sauve-moi. Car, [comme] tien, je suis issu
> [de toi.] *Tu es [mon] Noûs,* engendre-moi. [T]u
> *es mon trésor...*

APPENDICE II

La métaphore du trésor

Cette métaphore était fort utilisée par les écrivains juifs. Cependant, on trouve chez Philon d'Alexandrie, mais non sous forme de sentence, cette même image de la richesse et du *trésor* des Biens divins habituellement accompagnée de l'épithète βλέπων : la vraie richesse est celle qui voit. La richesse de la contemplation des Biens divins est une richesse naturelle et véritable. Il faut regarder vers le ciel «puisque c'est là le trésor des Biens divins». Ici comme chez Platon (*Lois*, 1, 631c), sont opposés la *richesse clairvoyante* allant de pair avec la sagesse et le *Ploutos* aveugle[196]. Cette métaphore serait peut-être à l'origine de la sentence.

Chez Matthieu, la sentence utilisée en 6,21[197], est immédiatement suivie, en 6,22, d'une évocation de la lampe du corps qui est l'œil, œil sain ou mauvais auquel correspond la notion de lumière ou de ténèbres *pour le corps tout entier*. Chez Luc par contre, la sentence semble plutôt reliée à l'évocation de l'attente du *Fils de l'Homme* (*Lc*, 12,35-40).

En relation avec cette métaphore est également très important chez Philon le thème de la stabilité de l'âme du sage[198]. De l'idée de non déviation, d'ἀπλανής, Philon passe à celle de stabilité, d'ἀκλινής; cette stabilité, également reliée au macarisme comme dans l'EvMar, est un thème habituel des écrits hermétiques. On pourrait retrouver dans l'EvMar, l'évocation d'une structure parallèle qui révélerait des liens entre le discours de Marie et le reste de l'écrit.

> ⲚⲀⲒ̈ⲀⲦⲈ ϪⲈ ⲚⲦⲈⲔⲒⲘ ⲀⲚ ⲈⲢⲈⲚⲀⲨ ⲈⲢⲞⲈⲒ
> Bienheureuse, toi qui ne te troubles pas à ma vue (10,14-15).

Marie est dite bienheureuse parce qu'elle reste inébranlable à la vue du Seigneur. D'autre part, la non stabilité due à la passion et à l'errance rappelle plusieurs éléments de notre texte, par exemple les paroles de mise en garde du Sauveur contre l'erreur ou l'évocation de la «passion qui ne possède pas l'Image», passion qui provoque le trouble *dans le corps tout entier* (8,3-6).

APPENDICE III

Les quatre Puissances ou les quatre cieux

On peut trouver dans la littérature gnostique quelques témoignages, rares et peu élaborés, sur une division du monde céleste basée sur le nombre quatre.

Dans la Notice sur les Naassènes[199] par exemple, il est dit que les hommes sont sortis du bienheureux Homme céleste «pour tomber ici-bas dans cet ouvrage de boue et être asservis à l'auteur de cette

---

[196] PHILON, *Quis Rerum divinarum Heres sit*, 48 et 76; cf. La note 3, p. 330 de l'édition de M. Harl (*OPA*, 15).
[197] «Car, où est votre trésor, là aussi sera votre cœur».
[198] PHILON, *De Cherubim*, 23.
[199] *Elenchos*, V,7,30, trad. franc., p. 135 Siouville.

création, *Ialdabaoth*, le dieu de feu, le quatrième (dieu) ; car c'est ainsi qu'ils appellent le créateur et père de ce monde des formes»[200].

Un court passage de l'Ecr sT décrit tout d'abord un système de quatre Archontes suivi d'une deuxième génération de sept entités : le Démiurge *Ialdabaoth* s'engendre trois fils, ce qui fait en tout *quatre Puissances*. Suite à cette première génération, en apparaît une deuxième, androgyne, appelée de son nom féminin l'Hebdomade et de son nom masculin *Ialdabaoth*. Il semblerait donc que le premier Archonte Ialdabaoth ait sept formes et reprenne en lui-même les noms des trois fils engendrés en premier[201].

Nous possédons quelques autres témoignages sur un système de quatre entités, tel ce passage de Zostrien (Zost) du Codex VIII, qui présente une ascension de l'âme à travers quatre cieux[202]. Il ne s'agit cependant pas de cieux inférieurs comme dans l'EvMar mais plutôt de quatre Éons supérieurs vraisemblablement identifiés avec les quatre Luminaires[203].

Chez les Valentiniens, l'importance accordée au quatrième ciel, situé à l'intérieur d'un système de sept cieux inférieurs, est certifiée en quelques occasions : l'homme a été façonné dans le paradis, au quatrième ciel[204]; le paradis est, d'après les Valentiniens, un Ange puissant, situé au-dessus du troisième ciel, et Adam aurait reçu quelque chose de lui lorsqu'il y séjourna[205].

Enfin, dans *l'Apocalypse de Paul* (ApocPaul) du Codex V, le narrateur s'arrête avec insistance sur le quatrième ciel et, pour narrer cette partie de l'ascension[206], il semble bien que le rédacteur se soit fondé sur 2 *Co*, 12,2s en le réinterprétant : le quatrième ciel est le lieu du jugement et de la condamnation des âmes. L'insistance sur le quatrième puis sur le septième ciel, où Paul s'arrête également un moment avant d'atteindre le dixième et dernier ciel, montrerait peut-être que le rédac-

---

[200] Cette description fait peut-être appel à la théorie des quatre éléments : terre, air, eau et feu.

[201] Ecr sT, p. 101,9 - 102,2.

[202] Zost, p. 4,20s.

[203] Zost, p. 29,1s. Cf. P.-H. POIRIER, M. TARDIEU, «Catégories du temps dans les écrits gnostiques non valentiniens», *Laval théologique et philosophique* 37 (1981) 3-13 : les auteurs relèvent et analysent les différents textes où apparaît ce quaternion du monde supérieur dont les quatre Puissances de l'EvMar pourraient être la réplique dans le monde inférieur.

[204] Cf. CLÉMENT D'ALEXANDRIE, *Ext. Théod.*, 51,1-2.

[205] Cf. IRÉNÉE, *Adv. Haer.*, I, 5, 2.

[206] ApocPaul, p. 19,20s.

teur a réinterprété les différents systèmes, celui de quatre et celui de sept, dans une optique très certainement polémique, pour finalement proposer une théorie nouvelle de dix cieux. Tout ceci pourrait être l'indice d'une *tradition primitive de quatre cieux* remaniée par la suite.

INDEX

L'ordre de classement retenu dans l'index copte est celui du dictionnaire de Crum. Lorsque la forme type choisie par Crum n'est pas attestée dans le texte, elle est indiquée entre parenthèses.

Les variantes orthographiques ont été relevées systématiquement; lorsque plusieurs variantes orthographiques sont attestées pour un même vocable (dans l'index copte comme dans l'index grec), elles sont identifiées par un chiffre placé en exposant.

Les références correspondant à des reconstitutions sont indiquées entre crochets.

INDEX GREC

(ἀγαθός) ⲁⲅⲁⲑⲟⲛ m. Bien
7,17; 9,22.

αἰών m. Éon
17,6.

ἀλλά mais
7,13; 10,21.

ἀνάπαυσις f. repos
17,5.

ἀντικείμενος adversaire
18,10.

(ἄξιος) ⲁⲁ⸗ ⲛⲁϣⲓⲟⲥ rendre digne
18,11.

(ἄρχειν) ⲁⲣⲭⲉⲓ ⲛ-, ⲣ ⲁⲣⲭⲉⲓ ⲛ-[1],
ⲣ ⲁⲣⲭⲉⲥⲑⲁⲓ ⲛ-[2] commencer
à, se mettre à
[9,22[2]]; 10,9; 19,1[1].

(ἀσπάζεσθαι) ⲁⲥⲡⲁⲍⲉ saluer, em-
brasser
8,12; 9,13.

ἀσφαλῶς d'une manière indéfectible
18,13.

γάρ car, en effet
8,18; 9,16; 10,15; 17,15.

(γυμνάζειν) ⲣ ⲅⲩⲙⲛⲁⲍⲉ argumenter
9,23; 18,8.

δέ cependant, mais
9,5; 15,16.20; 17,10; 18,11.12;
[19,1]
cf. μᾶλλον, πῶς, ⲧⲉⲛⲟⲩ

(ἔθνος) ϩⲉⲑⲛⲟⲥ Gentils
9,8.

εἰρήνη f. paix
8,14bis.

εἴτε ... εἴτε aussi bien ... que
15,21; 16,1.

(ἐξετάζειν) ⲣ ⲉϣⲉⲧⲁⲍⲉ interroger
15,12.

ἐξουσία f. Puissance
15,11; 16,2.4.[13].

ἐπιθυμία f. désir
15,1; 16,6.19.

ἔτι encore
7,20.

εὐαγγέλιον m. évangile
8,22; 9,8; 18,19; 19,3.

ἤ ou
8,17; 10,18; 16,15; 18,5.

(καθιστάναι) ⲕⲁⲑⲓⲥⲧⲁ ⲉϩⲟⲩⲛ ⲉ-
rétablir dans
7,19.

καιρός m. moment, temps
17,6.

κατά selon
19,4.
cf. ϩⲉ

κόσμος m. monde
7,12; 16,21; 17,1.

(κρίνειν) ⲕⲣⲓⲛⲉ juger
15,16.17.18.

κτίσις f. création
7,3.

(λυπεῖσθαι) ⲣ ⲗⲩⲡⲉⲓ être affligé
9,6.15.

μακάριος bienheureux
8,12.

μᾶλλον, μᾶλλον δέ[1] plutôt
9,18[1]; 18,15.

μέν car, pourvu que, néanmoins
8,9; 17,13.

μήποτε afin que jamais
9,3.

μήτι est-ce que?

17,18.

μορφή f. forme
16,5 bis.

(νοεῖν) ⲣ ⲛⲟⲓ̈, ⲣ ⲛⲟⲉⲓ[1] comprendre
8,1.2[1].

νομοθέτης m. législateur
9,3.

νόμος m. loi
9,2; 18,20.

νοῦς m. intellect, «Noûs»
10,15.17.21.

(ὅραμα) ϩⲟⲣⲟⲙⲁ m. vision
10,11.13.17.23.

ὀργή f. colère
16,13.

(ὅρος) ϩⲟⲣⲟⲥ m. règle
9,1; 18,20.

οὐδέ et ne pas, ni
9,2.15; 10,6.20; 15,7; 18,20.

πάθος m. passion
8,2.

πάλιν une fois de plus
15,10.

πάντως sans aucun doute
18,12.

παρά hormis, en dehors de
9,1; 18,20.
cf. ⲛϩⲟⲩⲟ

παράφυσις f. (qui est) contre nature
8,4.

(πιστεύειν) ⲣ ⲡⲓⲥⲧⲉⲩⲉ croire
17,13.

(πλανᾶν) ⲣ ⲡⲗⲁⲛⲁ égarer
8,15.

πλάσμα créature
7,3.

(πνεῦμα) ⲡⲛⲁ̅ m. pneuma, esprit
10,19.21.

πονηρία f. vice
15,14.

πρός cf. ⲟⲩⲟⲉⲓⲱ

πῶς δέ comment est-il possible?
15,4.

σάρξ f. chair
16,9.11.

(σκεπάζειν) ⲣ ⲥⲕⲉⲡⲁⲍⲉ protéger
9,17.

σοφία f. sagesse, Sophia
16,11.

σῶμα m. corps
8,6.

σωτήρ, ⲥⲱⲣ̅[1] m. Sauveur
7,2[1].13[1]; [9,23[1]]; 10,2[1].4[1].19[1];
17,8[1].14[1].18[1]; 18,5[1].10.13.21[1].

ταραχή f. trouble
8,5.

(τέλειος) ⲧⲉⲗⲓⲟⲥ parfait
18,16.

τότε alors
8,4; 9,12; 18,1.

τύπος m. image, modèle
17,1.2.

(ὕλη) ϩⲩⲗⲏ f. matière
7,[1].7; [8,2].

φύσις f. nature
7,3.6.8.15.18; 8,10.

χάρις f. grâce
9,16.

χρόνος m. temps
17,5.

ψυχή f. âme
10,18.20; 15,5.13.17; 16,1.14.16.

(ὡς) ϩⲱⲥ comme, puisque
7,10.

(ὥστε) ϩⲱⲥⲧⲉ c'est ainsi que
17,8.

INDEX DES NOMS PROPRES

INDEX COPTE

ⲁⲙⲁϩⲧⲉ, ⲉⲙⲁϩⲧⲉ[1] dominer
9,4; 15,15bis.18[1].19; 16,17[1].

ⲁⲛⲟⲕ, ⲁⲓ̈ⲛⲟⲕ[1] moi
10,10[1]; 15,20; 17,13.

(ⲛⲧⲟⲕ) ⲛⲧⲕ- toi
18,11.

ⲛⲧⲟϥ lui
10,[22].23.

ⲁⲛⲟⲛ nous
9,11; 10,6.

ⲛⲧⲱⲧⲛ vous
7,14.

ⲛⲧⲟⲟⲩ eux
9,5.

ⲁⲣⲉϩ cf. ϩⲁⲣⲉϩ

ⲁⲩⲱ et
7,22; 8,8; 9,15.17.22; 10,9.11.
23; 15,1.8.[16]; 16,3.18.19.20;
17,1.3; 19,1.
cf. ⲟⲛ

(ⲁϩⲟ) ⲉϩⲟ m. trésor
10,16.

ⲁϩⲣⲟ= pourquoi?
15,17.

ⲃⲱⲕ, ⲃⲏⲕ†[1] aller, partir, prendre
la route
8,21; 9,5; 15,9.14[1]; 16,15[1]; 19,
2.

ⲃⲱⲕ ⲉ- aller vers
16,3.

ⲃⲱⲕ ϣⲁ- aller vers
9,7.

ⲃⲱⲕ ⲉⲡⲓⲧⲛ descendre
15,2[1].

ⲃⲱⲕ ⲉⲧⲡⲉ monter
15,3[1].

ⲃⲱⲗ, ⲃⲟⲗ=[1] délivrer
16,21[1].

ⲃⲱⲗ ⲉⲃⲟⲗ se dissoudre
15,20.

ⲃⲱⲗ ⲉⲃⲟⲗ ⲉ- se dissoudre dans
7,5.7.

(ⲉⲛⲉϩ) ⲭⲓⲛ ⲉⲛⲉϩ depuis toujours
18,7.

(ⲉⲣⲏⲩ) ϩⲛ (ⲛⲉⲩ)ⲉⲣⲏⲩ l'un dans
l'autre
7,4.

ⲉⲧⲃⲉ ⲡⲁⲓ̈ c'est pourquoi
7,17.21; 8,6; 18,14.

ⲉϣⲭⲉ si, semble-t-il
9,10; 17,14; 18,10.

ⲉϩⲟ cf. ⲁϩⲟ

ⲉⲓ ⲉⲧⲛ- tomber aux mains de
15,10.

ⲉⲓ ϣⲁ- venir à
7,17.

ⲉⲓ ⲉⲃⲟⲗ ϩⲛ- être issu de
8,4.

(ⲉⲓⲁ) ⲛⲁⲓ̈ⲁⲧ= bienheureux
10,14.

ⲉⲓⲙⲉ ⲉ- reconnaître
15,7.

ⲉⲓⲛⲉ imiter
7,15.

ⲉⲓⲛⲉ, ⲓⲛⲉ[1] m. image
8,3.9bis[1].

ⲉⲓⲣⲉ, ⲁⲁ=[1], ⲣ[2] faire, être
7,14.15; 9,20[1]; 16,4[2].
cf. ⲙⲉⲉⲩⲉ, ⲧⲱⲧ, ϩⲏⲧ, ἄξιος,
ἄρχειν, γυμνάζειν, ἐξετάζειν,
λυπεῖσθαι, νοεῖν, πιστεύειν,
πλανᾶν, σκεπάζειν

(ⲉⲓⲥ ϩⲏⲏⲧⲉ) ⲉⲓⲥ ϩⲏⲡⲉ voici
8,17bis.

ⲕⲉ- autre
17,15; 18,20bis.

15,12; 16,7.20.

(ⲥⲁϣϥ) ⲥⲁϣϥⲉ f. sept
16,4.12.

ⲙⲉϩⲥⲁϣϥⲉ f. septième
16,11.

ⲥϩⲓⲙⲉ f. femme
10,3; 17,19; 18,9.

(ⲥⲟϭ) ⲥⲉϭⲏ fou
16,10.

ϯ donner
9,2.

ϯ ϩⲓⲱⲱ= revêtir
18,15.
cf. ⲥⲟ

ⲧⲉⲗⲏⲗ se réjouir
15,9.

ⲧⲁⲙⲟ, ⲧⲁⲙⲟ=[1] ⲉ-, ⲧⲁⲙⲁ= ⲉ-[2]
annoncer, expliquer
7,10[1]; 10,8[2]; 19,2.

(ⲧⲱⲛ) ⲉⲧⲱⲛ où?
15,14; 16,15.

ⲭⲓⲛ ⲧⲱⲛ d'où?
16,14.

ⲧⲉⲛⲟⲩ cf. ⲟⲩⲛⲟⲩ

ⲧⲏⲣ= tout
8,6.13; 9,13.17; 17,21.

ⲡⲧⲏⲣϥ m. le Tout
15,21.

(ⲧⲱⲧ) ⲧⲏⲧϯ obéir, consentir
8,8.

ⲧⲏⲧϯ ⲛϩⲏⲧ obéir
8,7.

ⲟϯ ⲛⲛⲁⲧⲧⲱⲧ être désobéis-
sant
8,8.

(ϯⲟⲩ) ⲙⲉϩϯⲉ f. cinquième
16,9.

ⲧⲱⲟⲩⲛ se lever
9,12.

(ⲧⲱϣ) ⲧⲟϣ= ⲛ- fixer
9,1.

ⲧⲁϣⲉ ⲟⲉⲓϣ cf. ⲟⲉⲓϣ

ⲟⲩ quoi?
7,12; 18,3.

(ⲟⲩⲁ) ⲕⲉⲟⲩⲁ autre chose
7,11.

ⲟⲩⲁⲁ= seulement
7,8.

(ⲟⲩⲟⲛ) ⲟⲩⲛ avoir
7,8; 8,10.

(ⲟⲩⲛⲟⲩ) ⲧⲉⲛⲟⲩ (et) maintenant
10,17; 18,8.

ⲧⲉⲛⲟⲩ ⲇⲉ et pourtant
15,3.

(ⲟⲩⲱⲛϩ) ϩⲛ ⲟⲩⲱⲛϩ ⲉⲃⲟⲗ
ouvertement
17,20.

ⲟⲩⲱⲥϥ, ⲟⲩⲁⲥϥ[1],
ⲟⲩⲟⲥϥ=[2]
rendre inoffensif, maîtriser
16,1.16[1].19[2].

(ⲟⲩⲟⲉⲓϣ) ⲡⲣⲟⲥ ⲟⲩⲟⲓϣ provisoire
17,4.

(ⲟⲩⲱϣ) ⲟⲩⲁϣ=, ⲟⲩⲟϣ=[1] pré-
férer
10,2; 18,14[1].

ⲟⲩⲱϣⲃ répondre, parler
10,7.13.19; 15,5; 16,16; 17,10.
15; 18,5.

ⲟⲩⲱϩ ⲉⲧⲛ- continuer (à dire)
7,20.

ⲟⲩⲉϩ= ⲛⲥⲁ- suivre
8,19.

ⲟⲩⲱϭⲡ être détruit
[7,1].

(ⲱⲃϣ) ⲃϣⲉ f. oubli
17,3.

(ⲱⲡ) ⲏⲡϯ ⲉ- appartenir à
15,4.

(ϣⲟⲙⲛⲧ) ⲙⲉϩϣⲟⲙⲛⲧⲉ f. troisième
15,10; 16,2.7.

ϣⲓⲛⲉ questionner

ⲬⲈ puisque, à savoir
7,6.22; 9,19; 10,2.14; 16,14; 17, 13.18.
cf. ⲘⲞⲨⲦⲈ, ⲘⲈⲈⲨⲈ, ⲠⲈⲬⲈ, ⲬⲰ

ⲬⲒ obtenir
17,5.
cf. ⲂⲞⲖ

ⲬⲰ, ⲬⲈ-[1], ⲬⲞⲞ=[2], ⲬⲞ=[3], ⲀⲬⲒ-[4]
dire, penser
7,11; 8,11[1]; 9,5[1].21[1]; 15,9[1]; 17, 7[1].11.11[4].12[2].14[1]; 18,21[2]; [19, 1[1]].

ⲬⲰ ⲬⲈ
8,13.16; 9,6; 10,9; 15,13.

ⲬⲰ ⲛ- dire à
10,4.

ⲬⲰ ⲛ- ⲬⲈ
8,6[3]; 10,11[2].

ⲬⲰⲔ ⲈⲂⲞⲖ prendre fin
16,20.

(Ⲭⲛ-) Ⲭⲛ ⲘⲘⲞⲛ ou non?
7,2.

Ⲭⲓⲛ cf. ⲈⲛⲈ?, ⲛⲀⲨ, ⲦⲰⲛ

(ⲬⲛⲞⲨ) ⲬⲛⲞⲨ= ⲈⲦⲂⲈ interroger sur
17,17.

(ⲬⲠⲞ) ⲬⲠⲈ-, ⲬⲠⲞ= ⲛ-[1]
engendrer, acquérir
8,[2].15[1]; [18,17[1]].

(ⲬⲞⲈⲒⲤ) ⲬⲤ m. seigneur
10,11.12.17.

(ⲬⲒⲞⲨⲈ) ⲛⲬⲒⲞⲨⲈ Ⲉ- à l'insu de
17,19.

ⲂⲈ donc
7,1; 8,21.

(ⲂⲞⲖ) ⲬⲒ ⲂⲞⲖ tromper, mentir
15,4.

ⲬⲒ ⲂⲞⲖ Ⲉ- mentir à propos de
18,5.

(ⲂⲒⲛⲈ) ⲂⲛⲦ= trouver
8,20.

TABLE DES MATIÈRES